聪明孩子的笨功夫

卓越孩子的六项修炼

崔　宇◎著

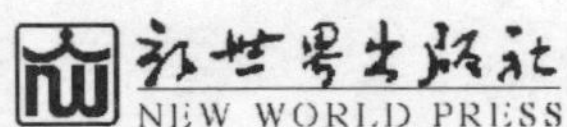

新世界出版社
NEW WORLD PRESS

图书在版编目（CIP）数据

聪明孩子的笨功夫：卓越孩子的六项修炼／崔宇著．
—北京：新世界出版社，2014.7

ISBN 978-7-5104-5111-9

Ⅰ．①聪… Ⅱ．①崔… Ⅲ．①青少年教育－家庭教育
Ⅳ．①G78

中国版本图书馆CIP数据核字（2014）第147640号

聪明孩子的笨功夫：卓越孩子的六项修炼

作　　者：崔　宇

责任编辑：张保文　周　珊

责任印制：李一鸣　黄厚清

出版发行：新世界出版社

社　　址：北京市西城区百万庄大街24号（100037）

发行部：（010）6899 5968　　（010）6899 8705（传真）

总编室：（010）6899 5424　　（010）6832 6679（传真）

http://www.nwp.cn

http://www.newworld-press.com

版权部：+86 10 6899 6306

版权部电子信箱：frank@nwp.com.cn

印刷：北京中印联印务有限公司

经销：新华书店

开本：710×1000　　1/16

字数：260千字　　**印张**：15.25

版次：2014年9月第1版　2014年9月第1次印刷

书号：ISBN 978-7-5104-5111-9

定价：32.00元

在修炼中成就卓越

这个世界上有两种人——卓越的人和不够卓越的人。

按照这样的分类，几乎所有的人都渴望成为前一种人，这样的愿望在每个人年轻的时候尤为强烈。有的人终其一生，都在努力使自己成为一个更加卓越的人，渴望超越自我的局限，看到更加成熟、理性、智慧的自己。比如瓦尔登湖畔的梭罗，比如在深夜思考人生的哲人马可·奥勒留（代表作为温总理推荐的《沉思录》）；但是也有很多人，“曾经年少爱追梦”，随着年龄的增加，开始对自己的能力产生怀疑，开始自我放逐。

可以说，青少年时期是区分“卓越”和“不够卓越”这两类人的一个分水岭，如果在青少年时期好好培养自己，好好把握成长的机会，那么今后经历的任何事情都可能成为他的财富，他获得的成功或者失败都会启发他走向更大的成功。

卓越并不是天生的，我们每个人都有可能通过后天的修炼成长为一个卓越的人。要想成为卓越的人，就要牢牢把握住每一个通往卓越的机会。

我经常看到很多人，为了实现成就卓越的梦想，便想方设法进名校，找最好的老师以接受最优质的教育，希望借此为梦想插上翅膀。良好的外在环境虽然能为我们的成长提供支持，但无法直接完成我们的卓越梦想。美国作家弗格森说：谁也无法说服他人改变。我们每个人都守着一扇只能从内开启的改变之门，不论动之以情或晓之以理，没有人能替我们打开那扇门。同样的道理，能帮助我们成就卓越的不是外在力量的集聚，而是自我能力的焕发。打开学习之门，全面唤醒自身的能量，在修炼中培养能力，提高涵养，才是我们通往卓越的正确之道。

青少年时期是一个人成长过程中的黄金时期，个体的自我认知、品行习惯、价值观的形成都与这一时期接受的教育密不可分。对于每个青少年来说，想成就卓越，就更要抓住这一成长的黄金期，通过学习焕发自身的潜力，为成长奠定坚实的基础，以到达成功的彼岸。

那么，青少年应当如何进行自我修炼呢？根据多年的辅导经验和对成功人士的研究分析，我总结出了他们在成长过程中的6个共性：

1．自我认知修炼——对自己的认识决定我们可以走多远

欠缺的表现为：自卑，沮丧，没信心，不喜欢自己……

2．品格教养修炼——一切能力都应建立在美德的土壤上

欠缺的表现为：常常自我怀疑，朋友很少，得不到信任……

3．成熟心智训练——一个人的成功20%靠智商，80%靠情商

欠缺的表现为：渴望得到别人的认同却总是事与愿违……

4．知识更新修炼——只有不断学习，我们才能跟上时代

欠缺的表现为：欠缺学习热情，经常空虚，恐慌……

5．创新思维修炼——创新的能力决定我们独一无二的价值

欠缺的表现为：感觉自己总是错过机会，厌倦日常生活……

6．通达人缘修炼——人际辐射力，代表着你成功的影响力

欠缺的表现为：害怕和陌生人交流，怯场……

让我们看看生活中的案例，比尔·盖茨少年时就知道自己的兴趣所在，开始和同学一起研究计算机技术，之后便成立了自己的公司，招募了一批头脑活跃优秀的年轻人。在事业如日中天的时候，他依然保持继续学习的态度。

不妨将自己心目中的偶像根据本书提出的六项修炼的标准判断一下，你会发现，所有成功人士在这六个方面都是非常出色的。他们或许有这样那样的缺点或者不足，但在这六个方面，他们是非常出色的。

《卓越青少年的六项修炼》是一本讲述如何完成这六大方面自我修炼的书，针对青少年在寻求成功路上的各种问题，解析了成就卓越必备的六项修炼。书中有同龄人的成长困惑解析，有具体故事的哲理延伸，有切实可行的方法指导，也有成功者和失败者的经验借鉴。本书是一本适合青少年自主阅读的书，希望借此为广大青少年提供一个加强自我修炼，提高个人能力的平台和契机。

我衷心希望青少年能在本书的指引下，找到自我修炼和发展的正确道路，开创属于自己的卓越人生！

目 录

CONTENTS

>>> PART 1

自我认知修炼

自我认知是每个人在成长过程中必须学习的一门课程。

本章重点：

培养自信心与自控力

自我认知是每个人在成长过程中必须学习的一门课程。所谓自我认知，指的就是人对自我的洞察和理解，既包括对感知、思维、意向等方面的自我觉察，又包括对想法、行为、人格特征等的评估和判断。自我认知对个人有重要作用，如果一个人不能正确地认识自我，而总是妄自菲薄，觉得自己处处不如人，就会产生自卑心理，丧失生活的信心；相反，如果一个人自我认知过高，过分高估自己的话，则会骄傲自大、盲目乐观，引起一系列问题。可见，恰当地认识自我，实事求是地评价自己，是自我调节和人格完善的重要前提。青少年时期正是生理和心理快速成长的一个重要时期，也是自我认知形成的关键期，直接关系着青少年能否成为一个心智成熟健康的人。因此，在这一关键时期有意识地进行自我认知方面的训练，对每一个人都十分重要。

认识自我，发现未知的自己

悉心观察自然界中的一些现象，你会发现老鹰是将巢穴筑在悬崖峭壁或参天古木的树梢上，而不是像其他鸟类那样将巢穴搭在树林里；它们习惯在高空盘旋寻找猎物，而不是像其他动物那样在密林里捕猎。为什么呢？答案很简单，因为它们对自身的基本特征有一定的了解和评估，它们强健而硕大的翅膀是不适合在茂密的树林里飞翔的，如果像其他的鸟那样将巢穴筑在树林里，那么自己的后代可能会面临更多的威胁。同样的现象在自然界中还有很多，例如鱼类只生活在水里、骆驼只生活在沙漠里，这些都是自然界中物竞天择的生存法则，这些生物也都有自知之明，它们知道自己只有在符合自己生理特性的环境中才能存活，因而一直恪守这样的规则。其实，这就是动物对自我的认识，就是所谓的自我认知。

⊙挖掘潜藏的自我

人类是如何思考及认识自我的呢？

当我们在自己的内心思考“我是谁”或回答“我是一个怎样的人”，“我有什么样的特点和个性”，“我喜欢和讨厌什么”这类问题时，就是在进行关于自我的思考了，这些我们自身所具有的并力图让别人了解的关于自己的信息就是自我涵盖的内容。

通常来说，自我包括显性的外在自我和隐性的内在自我。显性的外在自我包括自我中最显而易见、最容易为外人所捕捉的信息，如姓名、性别、年龄、外观、职业、学历、专业等，而其他的一些如个人的性格、爱好、理想、人生观和价值观等，从外在表现上往往不能一眼识破的，甚至连自己都不能清晰明了地作答的内容则可归入内在自我的范畴。

每个人都希望得到他人的认可和关注，渴望拥有一定的权利，享有一定的社会地位和名誉，这种外在的社会性需要促使我们对自身所具备的能获得社会关注的特性进行认知。这种对自身特性进行认知的过程，正是我们所说的自我认知，其中的难点与关键就在于，我们能否察觉潜藏在我们身体内部的某些特性，即内在的自我。

有这样一个故事：

美国田纳西州有一位秘鲁移民在他的居住地拥有6公顷山林。美国掀起西部淘金热时，他变卖家产举家西迁，在西部买了90公顷土地进行钻探，希望能在那里找到金沙或铁矿。他一连干了5年，不仅没有找到任何东西，最后连家底也折腾光了，不得不重返田纳西州。

当他回到故地时，发现那儿机器轰鸣，工棚林立。原来，被他卖掉的那个山林就是一座金矿，新主人正在挖山淘金。如今这座金矿仍在开采，它就是美国有名的门罗金矿。

这座一直存在却未被原主人发现的金矿，就如同我们身体里所潜藏着的内在自我。我们常常被别人的能力、魅力所吸引并奋力追寻，却很少停下来平心静气地寻找潜在的自我。可是，一个人一旦丢掉或忽视了属于自己的东西，就极有可能失去一座金矿，因为没有全面正确地认识自我而错失很多机会。

美国学者詹姆斯曾对个人潜能的发挥进行专门的研究，总结说："普通人只发掘了他蕴藏能力的1/10。和我们应该成为的人相比，我们只是半醒着的……我们只利用了我们心智中很小的一部分潜力……"在每个人的身体里，都潜藏着独特的天赋和个性，但大多数时候，我们忽略了自己的天赋和个性，没有完全发挥自己的长处去经营自己的人生。

每个人都有一座属于自己且等待被挖掘的金矿——内在自我。如果任它沉睡，任它被埋没，而不去唤醒它、激发它，就无法使它发挥出真正的力量。只有努力挖掘内在的自我，将潜在的自我能力转化为实力，我们才能收获成功。

⊙唤醒潜能的三要素

想要开发自己的潜能，挖掘出潜藏深处的宝藏，我们就要先了解与潜能开发密切相关的因素。

潜能的开发，与三个因素紧密相关，一是自信，二是坚定的意志和强烈的愿望，三是积极进行实践。这三个要素中的前两项都是和自我认知息息相关的。

自信心是我们获得成功的前提和基础。莎士比亚曾说："一个人的心灵如果受到鼓舞，即使器官已经萎缩，也会从沉沉的麻痹中振作起来，重新开始活动，像蜕了皮的蛇一样获得新生的力量。"一个人如果对自己充满信心，就能全面唤醒和调动身体各方面的能量，在这种状态下，身体的感官会变得格外发达，思维也会处于异常活跃的状态，人的灵感、创造力及其他方面的潜能就更容易被激发出来。

潜能的开发是一个漫长而艰辛的过程，没有坚定的意志力和强烈的成功欲望是很难取得成功的。坚定的意志力是我们取得成功的保障，这不仅在于我们需要凭借意志力坚持将事情做完做好，还在于我们需要借助意志力克服成功道路中的困难。世上任何人做任何事都是如此，开发潜能也不例外。

与此紧密相连的还有愿望。我们在坚定意志的同时还要保持强烈的成功欲望，坚信自己能够开发出自己的潜能，这是我们成功的动力，也是我们坚持和执著的理由。爱因斯坦曾经说过："情感和愿望是人类一切努力和创造背后的动力，不管呈现在我们面前的这种努力和创造外表上是多么高超。"当一个人强烈渴望着某个事物，迫切想要得到时，就会充分唤醒体内的潜能，爆发出强大的力量。

要把潜在的能力开发出来，变成现实的实力，最根本的则是依靠实践活动。人的能力都是在实践中形成并发展起来的，离开了实践，潜能的开发只是空谈。比如，我们常常会发觉，那些长期从事品尝师工作的人，味觉会特别发达，对于酸甜苦辣等的感觉比一般人敏感得多；那些经常动用听觉的人，听觉也更发达一些，这都是多多实践的结果。

明确了这三个因素，我们要做的就是好好地开发自己的潜能了。在这个过程中，我们还有几点需要注意的地方。

一是要设定好自己的目标。潜能的开发需要有一个方向或突破口，而不能盲目地或是毫无目的地随意开采。我们自身的潜能是丰富的，想要一下子就全部挖掘出来，不仅是枉费精力，也是不现实的。青少年如果想挖掘和发挥自己的潜能，就要明确自己的人生目标，全神贯注于自己的优势方向。

二是要保持一个良好的心态，多进行一些积极的自我暗示。不管在什么情况下，都要相信自己的力量，相信自己的潜能最终能迸发出来。心态放松了，某些方面的潜能也许就会悄悄显露出来。

三是要给自己锻炼的机会，适时地给自己一些压力。安于现状、好逸恶劳是潜藏于很多人内心的惰性，恰当地施加压力就能督促人们摆脱它。俗话说："有压力才有动力。"这是有一定道理的，如果我们能顶住压力，唤起自身的进取心，很多不利的条件会成为激发我们潜能的力量。

四是要不断学习和提高。我们想增加自身的潜能储量，需要学习；我们想开发自己的潜能，同样需要学习。唯有不断学习新知识，在学习中不断提高，我们才能找到潜能开发与运用的最佳方法。

潜能是我们自身能力的重要组成部分，只有意识到它的存在并积极地唤醒它，我们才能更全面地认识自我。

⊙在困难中直面自我

人生是一个不断认识自我并激发自身活力的过程。幼儿时的自我、童年时的自我、青少年时期的自我、中老年时的自我，都是各不相同的，甚而我们自己眼中的自我、家长眼中的你、老师眼中的你和同学眼中的你也都是不尽相同的。这一是因为人的个性的多样化，二是因为每个人在认识和评价事物的时候都带有一定的主观色彩。

正因如此，很多人觉得认识自我是一件困难的事情。不过，我们常常说"世界上最难了解的人是我们自己"，这倒也不尽然。我们觉得很难真正了解自己，是因为我们的内心总有自我保护的倾向，总在为自己的所作所为寻找各种各样的理由。今天的学习任务没有完成，本来心里是感到不安的，但是眼珠子一转，就能为自己的不作为找出各种各样的理由，诸如“今天太冷了”、“今天我帮助同学去了”、“今天干了很多家务活”等，所以任务没完成是正常的，这样一想，心中也就释然了。实际上，这样的想法是很不利于青少年成长的，因为它会让纵容成为一种习惯，使我们很容易就原谅自己的不思进取，久而久之，整个人就会变得松散起来，因而渐渐迷失，忘记了真正的自我，也就难以得到对自我的正确认知，这对于成长中的青少年来说是非常危险的事情。

一般来说，衡量一个人是否成熟的主要标志，就是能否正确地认识和评价自己，是否敢于直面真实的自我。一个人的发展轨迹并不是既定的，自我发展的决定权掌握在你自己手中，你可以优秀而卓越，也可以卑微而可怜，关键在于你选择怎样的自我意识。同样，在遇到人生难题时，前进还是后退也取决于你的选择。只有清醒地认识自己，你才能真正明白究竟是什么样的困难使你望而生畏，是什么原因让你的意志力顷刻瓦解，是什么事情扰乱了你专注的心，是什么障碍遮挡了你眺望的目光。只有经历了这样的自我思考过程，你才能正确地认识自己；只有看清了自己的优势和弱势，敢于直面真实的自己，你才能发挥自己的特长，弥补自身的不足，制定符合自身特点的人生规划和办事方法；只有如此，你才能战胜自己，成就卓越。很多人自卑，就是因为缺乏审视自我的能力和战胜自我的意志力，总是暴露自己的弱点却不能展现自己的优点，久而久之，心理负担便形成了。

太阳总有被遮蔽的时候，我们的成长天空不会总是晴空万里，我们不能因为在人生之路上遇到了一些困难就怀疑自己，自怨自艾。任何时候都不要忘记，自我认知的修炼是各项修炼的前提，正确的自我认知是个人成功的保障。

树立信念，修炼独有的个人魅力

自我认知的程度决定了一个人处事时的心态水平。积极的认知有助于增强个人的自信心和自豪感，而消极的认知则不利于个人的成长，甚至会影响健全人格的塑造。青少年要健康成长，仅有正确认识自我还不够，还要想办法调动自己的积极情绪，在内心树立起积极向上的形象。

心理学的研究成果表明，一个人能否成功，与他坚守的信念有着密切的关系。如果一个人总是觉得自己不够聪明、能干，总是在心里怀疑和埋怨自己的话，那么他在今后的人生道路中也很难取得成就。要成就自我，最关键的就是要树立积极坚定的个人信念，在生活中不断修炼自己的个人魅力。

⊙生命的价值取决于我们自身

一个人无论多么聪明，多么有才华，如果他对自己的聪明才智不能给予肯定，他所拥有的一切就没有任何实用价值。一个缺乏信心的人，就如同一根受了潮的火柴，不可能擦出希望的火花。我们要记住一个道理：生命的价值不以外物为转移，它只取决于我们自身。这就像用钱币来买东西，如果是同样面值的钱币，不管新旧，它所能交换的东西的价值都是一样的。

在一次讨论会上，一位著名的演说家给在座的听课者上了一堂生动的人生课。

演说家没有一句开场白，只是举着一张20美元的钞票。面对会议室里的200人，他问："谁要这20美元？"一只只手举了起来。他接着说："我打算把这20美元送给你们中的一位，但在这之前，请准许我做一件事。"说着，他把钞票揉成一团，然后问："谁还要？"仍有人举起手来。

他又说："那么，假如我这样做又会怎么样呢？"他把钞票扔到地上，又踏上一只脚，并且用脚碾它。而后他拾起钞票，此时钞票已变得又脏又皱。

"现在谁还要？"还是有人举起手来。

看到这种情景，演说家面带微笑地说："朋友们，你们已经上了一堂很有意义的课。无论我如何对待那张钞票，你们还是想要它，因为它并没有贬值，它依旧是20美元。人生路上，我们会无数次被自己的决定或碰到的逆境击倒，甚至碾得粉身碎骨，我们觉得自己似乎一文不值。可无论发生什么或将要发生什么，在上帝的眼中，你们永远不会丧失价值。在他看来，肮脏或洁净，衣着齐整或不齐整，你们都是无价之宝。"

这位演说家说得积极中肯。的确，我们的价值取决于我们自身，不会因为外在条件的变化而发生改变。这个世界上没有无用的人，每个人都有自己的价值，能不能发挥价值、能发挥多少价值就取决于我们能挖掘出自己多少潜能。无论我们的社会地位如何，无论我们是否拥有功名利禄，只要把握自我、拥有自我、肯定自我，我们就能绽放自己的光彩。

有些青少年总是怀疑自己的能力，怀疑自己在班级和团队里的价值，这是没有必要的。每个人都是独特且有自己的价值的，关键在于你能否正确地认识和评估。要想及时准确地看到自己的价值，首先要树立积极的个人信念，激发起强烈的自信心。自信心在青少年的成长过程中所起的作用是不可估量的，它是我们能力的催化剂，能让我们更加强大，让我们更容易走向成功。

⊙你是那个自信且充满魅力的人吗

在日常的人际交往中，我们往往会有这样的感觉，自信的人是极富人格魅力的。英国前首相撒切尔夫人被人们尊称为"铁娘子"，不仅仅是因为她有着出类拔萃的能力和才干，还因为她所表现出的自信为其魅力添上了浓墨重彩的一笔。

撒切尔夫人还是一个小女孩时，就是个充满自信的孩子。她所在的学校经常请人来做演讲，每次演讲结束，她总是第一个站起来提问，而同龄的女孩往往怯生生地不敢开口。

一次有人议论："女人怎么能从政？"她立即站出来自信地说："我不仅要当英国的第一个女议员，还要当英国第一位女首相！"后来，当她与富商撒切尔喜结连理时，她对记者说："今天，人们知道撒切尔夫人是因为撒切尔，明天，人们将因为撒切尔夫人而知道撒切尔！"

看完故事后，我们应该明确一点，撒切尔夫人的这种自信并不是盲目的，而是建立在对自我正确认识和合理评估的基础上，与自身的能力和才华相符合的。正是因为她充分认识了自身的优势，以自信的姿态积极发掘和利用自己的优势，才会有后来的成就。

古今中外，因自信而成就卓越的名人数不胜数。环顾我们身边，因自信而获得成功的事也时有发生。我就曾经听说这样的一个中学生，他在刚入中学的时候，语文和英语成绩很优秀，可是数学经常不及格，他为此倍感苦恼，但没有自暴自弃，始终以乐观自信的心态面对自己的不足。他每天都会对自己说："你很棒的，其他课程都能学得那么好，数学也难不倒你！"即使在老师都觉得他的努力是徒劳时，他仍然坚持相信自己。后来，这种自信和坚持果然产生了强大的力量，他的数学成绩取得了很大的进步。对自己的能力深信不疑，坚持相信自己，积极努力，就是这位同学的成功秘籍。

不过，在我们的生活中也不乏一些反面例子。有的学生本身很有才华、很有能力，但有什么好的想法、好的观点总是憋在肚子里不敢表达，即使是自己的特长也不敢大胆表现，久而久之，个人的光彩就都被淹没了。这其实不是有没有能力的问题，而是敢不敢自信地站出来展现个人魅力的问题。

我们身上之所以还有许多潜在的本领不为自己所知，是因为我们还不够用心，对自己的认识还不够深入，对自己还不够自信。实际上，我们每个人都有着自己的光彩，只要好好挖掘和修炼，用心寻找自己的特长，并大胆地将其表现出来，总能绽放出自己的魅力。

⊙展现个性和特长，为你的魅力加分

你是一个有魅力的人吗？在日常的为人处世中，我们该如何展现自己的自信魅力呢？

首先是敢于张扬自己的个性，展现自信的魅力。

一般而言，个性指的是个人与众不同的特质，这些特质通过一个人的语言、行为和情感等方式表现出来。在很多名人身上，个性被贴上了独创性的标签，使得他们的人生更加绚烂夺目。

获得诺贝尔物理学奖的理查德·费曼就是一个极富个性的人。在别人眼中，他一直是以“科学顽童”的形象出现的。他喜欢坐在酒吧内做科学研究，工作之余喜欢打鼓，还曾经客串桑巴乐团的鼓手；在原子弹秘密研究基地，他以偷偷打开所有的保险柜为乐。他经常与爱因斯坦和波义耳等人一起探讨学术，也曾在赌城跟职业赌徒一道研究赌博的输赢概率。费曼一向特立独行，个性张扬，信心十足。诸多逸闻趣事为他的传奇人生添上了浓浓的神秘色彩，也彰显了他的个人魅力，让人津津乐道。

我们不仅对有个性的名人印象深刻，在平常的人际交往中，我们的记忆力也会偏向那些有个性的人。生活中，有的人与我们的交情不深，甚至只是一面之缘，但他的容貌神态、行为举止会深深地印刻在我们脑海中；而有的人即使长期相处，留在我们头脑中的印象依然很模糊，这都是个性使然。一般来说，鲜明、独特的个性容易给人留下深刻的印象，也更容易让人从人群中脱颖而出，是吸引人眼球的法宝。与之相反，平淡的个性很少能激起我们心中的波澜。

在我看来，敢于张扬个性的人是很不简单的，因为这需要底气，自信就是重要的支撑。为了给自己的人生加分，我们在正确认识和定位自己

后，要敢于张扬自己的个性，展现自己自信的魅力。

其次是展现自己的兴趣和特长，强化自信心。

兴趣是我们学习和成长过程中最好的老师，也是个人发展的动力。每个人都会格外关注自己感兴趣的东西，并且对其进行积极的探索。例如，对集邮感兴趣的人，会想方设法收集、珍藏各种邮票；对音乐感兴趣的人，对各种乐曲都有一种敏感性，会情不自禁地沉浸其中，用心去赏析。

兴趣不是对事物的表面关心，而是一种发自内心的动力。在兴趣的驱使下，我们会积极自愿地探索和学习自己感兴趣的事物，为之投入巨大的精力和时间。由于执著和坚持，久而久之，就有可能培养出自己的特长。

特长可能是一种先天的禀赋，也可能是在兴趣基础上培养而成的。它不像兴趣那样只要有所涉及并长期喜爱就行，还要求精通，表现为在某方面强于他人的特质或技能。我们可以有很多兴趣爱好，但特长不会很多，毕竟这个世界上能把自己大部分兴趣爱好发展为特长的人是有限的。中国武术中有句话叫“十八般武艺，样样精通”，但真正能练就如此本领的人可谓少之又少，如果练成了，那就是武林高手，其实这讲的是一样的道理。

每个人的兴趣和特长都是不尽相同的。要想成为一个优秀的人，我们必须明确自己的兴趣和特长究竟在哪里，努力发展兴趣和特长，成就卓越。如果你一直跟着别人的脚步，可能走了很多弯路后会成功，也可能一直都失败。

当一个人的兴趣和特长之间有矛盾时该怎么办呢？我的意见是以特长为重。这么说是因为人的特长中先天的因素占了较大的比重，加上后天的强化训练，很容易形成自己的比较优势。在这个竞争激烈的社会中，让自己拥有与众不同的特长很有现实意义。兴趣的产生则有多种可能，除了与特长、喜好有关，还可能受社会流行、偶像崇拜、补缺心理的影响，因后者影响而产生兴趣爱好一般是不具备竞争优势的。

自理自立，小宇宙也有大能量

在多年的教育工作中，我发现很多青少年的自理能力是比较差的，有些连基本的生活自理能力都没有，从小到大没洗过一次衣服，没做过一点家务，甚至每天去学校还要父母接送，遇到什么事情，自己也没有主见，总是想依靠父母、老师或者其他人的帮助。这样的孩子不仅缺乏独立生活的能力，而且在心智上也是很不成熟的，最后很容易成为“啃老族”。

很多青少年总想着要成功，要成为一个卓越的人，可是你有没有想过，怎样才能实现自己的目标呢？倘若连最基本的自理能力都没有，又何谈成功、何谈卓越呢？在我看来，每个青少年都有一个小宇宙，蕴藏着无穷的能量，一旦爆发，可能就会改变自己甚至改变世界。遗憾的是，很多青少年并没有发掘自己的小宇宙，他们还不能及时地认识自己、发掘自己，甚至还没有完全摆脱对父母、对身边人的依赖。青少年之所以有着很强的依赖性，一个重要原因就是没能很好地发现和利用自己的能量。我们的潜能就像是一座深埋在地底的矿藏，不好好利用的话，就永远无法实现它的价值。

⊙学会自理，做自主运转的小行星

很多80后、90后都是独生子女，是家里众星捧月的宝贝。虽然很多人会做一些力所能及的事情，也能管理好自己的东西，但是在规划自己的生活方面还是有些问题。

曾经有位父亲跟我反映说，他的宝贝儿子已经上初一了，还是爱睡懒觉，总是磨磨蹭蹭地赖床不起，每天早晨都要父母三番五次地催他起床，如果迟到了，又埋怨父母不想办法把他拽起来，害得他被老师批评。这位父亲问我有没有什么好的解决办法，我就对他说："上学是孩子自己的事，你们以后可以试着放手别管他，让他自主安排起床时间，他再迟到就是他自己的事。孩子大了，他必须懂得对自己的行为负责。"后来这位父亲再见到我的时候，就告诉我说这个方法还真管用。那天回家他跟自己的孩子说："你已经这么大了，从明天早晨开始，我们不再叫你起床，该几点起来你自己上好闹钟。如果闹钟响了你还赖床，我们也不会叫你，迟到了你要自己负责。"果然，从那以后，这个孩子每天闹钟一响就按时起床了，再也没有迟到过。

常年做教育咨询工作，跟青少年打交道的次数多了，对这一时期的孩子的心理也就有了更深层次的了解。虽然很多青少年在自己家人面前总是表现出爱撒娇和蛮横的一面，但是在其他人，尤其是老师和同学面前还是很在乎自己的形象的。不过，如果很多事情青少年不是自己做，只想依赖别人的话，时间一长，很容易丧失自理自立的能力。

我曾经遇见这样一个学生，他的智商很高，从小学开始几乎每年都是班级第一。他的父母为了让他集中精力读书，什么活儿都不让他干，因此，到初三时，和他同岁的孩子几乎什么家务都会干了，他却连自己照顾自己都成问题。

读完中学，这个孩子就以全县第一的优异成绩考入了省重点高中，这所学校采取的是全封闭管理方式，所有学生都必须住校。刚接到录取通知书的时候他还非常高兴，后来却愁坏了，他为自己没有起码的生活能力而感到十分苦恼，整个人都变得焦虑起来。最终，他只能选择本市的一所普通中学。

自理自立是青少年成长和发展的首要前提，也是迈向卓越的第一步。缺乏自理自立能力的人，即使学习成绩再好，也很难成为自己命运的主人。这样的人就像是温室里的花朵，经不起一点风雨，无法真正成熟起来。

其实，培养自理能力只需要从身边的一些小事做起，例如主动整理自己的物品、自己的衣服自己洗、为自己制订一份学习计划等。只要你肯做并能坚持，就一定能够成为一个自理能力强的人。

我在前面说过，青少年就像是一个充满能量且亟待爆发的小宇宙，倘若连最基本的自理自立能力都没有，无法实现自我独立，那么你就无法让自己的能量适时爆发。要记住，及早学会自理自立，学会安排自己的生活，我们才能在遇到困难时调动自己的能量，妥善解决问题。

⊙增强独立意识，做好命运的舵手

在人生旅途中，我们只有摆脱依赖心理，自己做出决定，才能真正找到适合自己发展的道路，施展自己的抱负。一般来讲，拥有独立意识的人往往比缺乏独立意识的人更自信、更乐观，因为他们对自己的处境有着深刻的认识，能对自身的能力作出一个合乎实际的评估，总能找到解决问题的办法。

人都有一种避难就易的心态，遇到困难时，总是会不自觉地想依赖和求助于他人，但你有没有想过，别人就一定靠得住吗？下面这个禅理故事，或许能启发你重新思索一番。

某人在屋檐下躲雨，看见观世音菩萨撑着伞走过，这人说：“菩萨，普度一下众生吧，带我一程如何？”观世音菩萨说：“我在雨里，你在屋檐下，而檐下无雨，无须我度。”这个人立刻跳出屋檐，站在雨中：“现在我也在雨中，该度我了吧？”观世音菩萨说：“你在雨中，我也在雨中，我不被雨淋，是因为我有伞，你被雨淋是因为你没有伞。不是我度自己，是伞度我。你要想得度，请找伞去！”说完就走了。

第二天，这人遇到难事，便去庙里求菩萨。走进庙里，他才发现观世音菩萨像自己也在礼拜。这个人很惊讶：“你真是观世音菩萨吗？”那个人说：“我就是。”这个人又问：“那你为什么还自己拜自己？”观音菩萨笑道：“我也遇到了难事，但我知道，求人不如求己啊！”

我们的命运掌握在自己的手中，“求人不如求己”，这是上面的禅理故事带给我们的启示。

青少年正处于人生转折的关键阶段，树立独立意识，才能真正做自己命运的主人。为了加强这方面的培养，我们可以在以下方面加以锻炼：

首先要学会独立观察和思考。我们应该有意识地锻炼自己这方面的能力，平时多观察，在观察中思考和领悟。在遇到事情的时候，首先自己动脑筋想想，实在想不到好的解决方法时再请求别人帮助。

其次要加强行为方面独立意识的锻炼。我们应该学会自理和自立，自己能做的事，就尽量自己去做，不要总想着依赖他人。

最后要加强自我管理和自我评价等方面能力的培养。要学会对自己的目标、思想、心理和行为等进行正确的管理和评价，学会自我约束和自我激励。

鼓起自信，推开那扇虚掩的门

现代成功学家拿破仑·希尔说：“一个人一生中唯一的限制就是他内心的那个限制。”当我们突破了自己内心的限制，敞开心门，或许就能进入人生的新天地，成就一番伟业。自信正是打开这扇心门的钥匙，它不仅能最大限度地激发个人潜能，而且能在危急时刻帮助你调动全部力量，克服困难，走向成功。

⊙自信能最大限度地激发个人潜能

教育学中有一个著名的罗森塔尔效应，它让我们看到了肯定自我在普通人成长过程中所起的重要作用。

1960年，哈佛大学的罗森塔尔博士在加州一所学校做过一个著名的实验。新学年开始时，罗森塔尔博士让校长把三位教师叫进办公室，对他们说：“根据你们过去的教学表现，我们认为你们是本校最优秀的老师，因此，我们特意挑选了100名全校最聪明的学生组成三个班让你们教，这些学生的智商比其他的孩子都高，希望你们能让他们取得更好的成绩。”三位老师高兴地表示一定尽力。罗森塔尔则补充叮嘱他们，要像平常一样对待这些孩子，不要让孩子或孩子的家长知道他们是被特意挑选出来的，老师们都答应了。

一年之后，这三个班的学生成绩果然排在整个学区的前列。这时，罗森塔尔告诉了老师们真相：这些学生并不是被刻意选出的最优秀的学生，只不过是随机抽取的最普通的学生。老师们没想到会是这样，都认为自己的教学水平确实高。这时罗森塔尔又告诉了他们另一个真相，他们也不是被特意挑选出的全校最优秀的教师，而是随机抽出的普通老师。

这就是自信在激发个人潜能方面的一个典型例子。因为罗森塔尔的暗示，老师们认为自己当真是最优秀的，从而在极大程度上唤起了自己的自信和教学热情，最终取得了优异的教学成绩。

在我们身边，这样的例子也存在着。与我相熟的一位老师的班上有这样一个孩子，她性格内向，非常害羞腼腆，上课时总不敢主动回答问题，点名提问时也是支支吾吾地不敢说话，还没开口就脸红，额头、手脚出汗，课余时间也不与其他同学交流。她的学习成绩一般，没有什么特长，家境也不怎么好，这些可能都是她自卑的原因。后来，这个孩子的表现几乎是有了一百八十度的转变，整个人都变得开朗起来，不再害怕与人交流，在公众场合也敢发表自己的意见了，更重要的是，她的写作潜能也得到了充分的发挥。

她的老师在跟我交流的时候说，促使她转变的不是其他，正是自信。这个学生原来的作文水平在班上算是比较差的，但老师从作文中看出她是一个心思细腻的人，觉得她如果对自己多点自信，能改进学习方法的话，还是有很大潜能的，于是就采用了激励的办法。这位老师经常会在作文课后对这个学生说“你的作文又有进步了”或“再努力点，你就能拿优秀了”这类鼓励的话，还特别为她进行了一些额外的辅导，在作文课上也经常点名夸奖她的进步，时不时会让她起来朗读自己的作文。刚开始的时候，这个学生还是吞吞吐吐的，朗读几次过后，她就能把作文流利地朗读出来了，进步很快。随着她的进步，老师又推荐她参加了几次作文竞赛，在得了几次奖之后，她整个人都变得自信起来。这种心态激发了她在其他方面的潜能，促成了她的全面进步。事实证明，这位老师的鼓励方法取得了很好的效果，也说明了自信心在青少年潜能激发中的巨大作用。

哈佛大学心理学家霍华德·加德纳曾经指出，每个人都有七种基本的智力方面的技能，即数学逻辑、语言、音乐、空间、身体动觉、理解别人以及处理自己的梦想、恐惧和烦恼的能力。虽然这些能力在每个人的身上分布不均，但可以肯定的是，每个青少年都是一座等待开发的金矿，只要以自信的心态勇敢开发，每个人都能打开通往金矿的门，也绽放出自己独特的光芒。

⊙逆境中更容易培养自信

有人认为，那些从小一帆风顺的人更加自信，因为他们从未遭受过打击。的确，从小出生在富裕的家庭里，上最好的学校，出来找到很好的工作，看起来是一件很幸福的事情。但是这样的人真的自信吗？或者说，这样的人对自己的信任是理性的吗？答案往往是否定的。没有经历过挫折的人，并不知道自己面临挑战能否继续坚定地相信自己，那些人生起起伏伏、有进有退的人，则更加了解自己的能力、自己的意志，也更容易在内心培养一份坚定不移的信心。

自信是一股巨大的力量，有时候，一点点自信就能产生神奇的效果，尤其在遇到困难或是处于事情转折的关键时刻，拥有自信，往往能让我们焕发出超常的力量，创造奇迹。

早在一百多年前，精神学专家林德曼就对自信的心理机制进行过验证。林德曼一直坚信，一个人只要对自己抱有信心，就能保持精神和机体的健康。为了验证这一理论，他独自驾着一叶小舟驶进了波涛汹涌的大西洋。当时，德国上下都关注着他这次独身横渡大西洋的悲壮冒险，因为在他之前已经有一百多位勇士尝试驾舟横渡大西洋，但均遭失败，无人生还。林德曼推断，这些遇难者主要不是因为生理原因失败，而是死于精神崩溃、恐慌与绝望。在航行中，尽管林德曼也遇到了难以想象的困难，多次濒临死亡，有时真有绝望之感，但只要这个念头一出现，他马上就大声自责：懦夫，你想重蹈覆辙，葬身此地吗？不，我一定能成功！终于，他成功地横渡了大西洋。

林德曼以亲身实验证明，人只要对自己不失望，充满自信心，精神就不会崩溃，就可能战胜困难而获得成功。

命运永远掌握在强者手里，内心的强大是真正的强者必备的条件，而自信则是支撑其强大内心的坚实支柱。身处逆境时，自信能让我们摒弃那些阻碍我们前进的消极念头，让我们有勇气面对和跨越重重障碍。相反，对于一个没有自信的人来说，困难意味着失败，这样的人势必畏首畏尾，难以积极进取。

我就遇到过一个这样的学生，他的成绩和能力虽然一般，但如果努力和坚持的话还是能够学好的，偏偏他很不自信，在学习和做事的时候总是想得太多，把注意力全集中在可能面临的困难上，觉得自己这方面不行，那方面也有缺陷。结果他到高中时，就因为学习吃力而辍学打工去了。

不过，需要明确的是自信不等于盲目乐观，而是说，我们在任何情况下，都能感觉到并深信自己的能力。我们的能力也许一般，智力也可能一般，但只要我们拥有自信的气势，坚持自己的信念，就能在成功的道路上走得更远一些。狭路相逢勇者胜，不是你被困难吓倒，就是困难匍匐在你的脚下。

⊙夸夸自己，别让自卑成为你的绊脚石

很多时候，我们并不缺乏处事的能力和施展才华的机会，但由于自卑心理作祟，我们不敢在公众面前展现自己的魅力，这是心理因素在阻碍我们迈向成功。这方面的一个典型例子是人的记忆力。科学研究表明，一般人大脑储存各种信息的能力只利用了记忆潜能的千分之一。为什么多数人只能利用有限的千分之一呢？这就是因为我们在心理上已经确定这就是人们记忆的阈限，主观地认为大脑不可能再记更多的东西，这种主观上的懈怠情绪会使记忆神经缺乏刺激而无法发挥作用，这样一来，我们的记忆水平与人类应有的记忆水平也就相距甚远了。

在现实生活中，有些学生总是抱怨别人不懂得欣赏自己，自己总是怀才不遇，却从来没有在自己身上找找原因。很多时候，我们的才华之所以被埋没，我们的潜能之所以不能得到充分的挖掘，根本的原因在于自己。试想，如果你总是对自己缺乏信心，不敢积极主动地表现自己，那别人怎么会看到你的能力？

在教育培训过程中，我就发现有不少这样的学生，他们很容易被自卑的情绪干扰，在与人交往时羞涩腼腆，主要表现为：

1．上课时，即使知道老师所提问题的答案，也从不主动回答问题。

2．无论在课堂上还是在课后，有不懂的问题从不主动问老师。

3．在公众场合发言时，表情极不自然，脸红，额头、手脚出汗，有时声音也发颤。

4．当老师或长辈委以重任时，总是推三阻四，常挂在嘴边的话是“我不会”、“我不敢”、“我从没做过”、“做不好别人会笑我的”等。

5．想与别人交往，但从不敢主动搭讪，怕被人拒绝。

6．走路时经常低着头，很多时候宁愿独处而不愿意参加集体活动。

如果你发现自己也有上述表现的话，那就说明你有自卑的倾向。自卑是我们前进道路上的绊脚石，会阻碍我们自由表现自己的欲望和发掘自身的潜力。在与人交往的过程中，自卑的人向来被人视为是呆板、乏味、缺乏人格魅力的。要是你有这种自卑倾向，那么你可以问问自己：难道你愿意一直这样下去吗？要改变这样的现状，你就得从心理入手，好好地进行一番调节。

那么，应当如何调节自卑心理，重拾自信呢？

首先，你应该好好地重新认识自己的优势和劣势，明确哪些方面是自己擅长和感兴趣的，遇到能表现优势的时候就积极大胆地表现，不要总是拿自己的短处跟别人的长处进行对比，在心理上不要总觉得自己不如别人，而是要以正面的印象改变这种感觉。同时，不要太刻意地关注这种自卑心理，要知道人无完人，每个人在某个时刻都会或多或少地表现出一些自卑。如果总是对自己的弱项耿耿于怀而不思改变的话，结果往往是越来越自卑，整个人也会消沉下去。

不要因为一次失败就抬不起头，不敢再进行新的尝试。没有人是没经历过失败和挫折的，失败和挫折从另一个角度来讲通常也意味着成长。

常常自我怀疑的人不妨试着多夸夸自己，我在培训的时候就经常建议同学们多对自己说说“我很棒”、“我做得很好”、“我相信自己能做到”这类的话，这种发自内心的自我肯定是让自己保持自信的好方法。

除此之外，我们还要学会重视自己，学会对自己微笑，时不时地给自己一些奖励，谨记柏拉图的那句至理名言：“最优秀的人就是你自己！”你可以敬佩和羡慕别人，但绝不能忽略自己，不要总认为自己不如别人，而要善于发现自己身上的优点，在取得进步时，还可以犒劳一下自己，适当给自己一些物质奖励。

自卑心理对青少年的学习和成长都是有害的，我们一定要努力克服自卑心理，以自信驱散成长中的迷雾，不管处于怎样的困境中，都应该进行积极的自我肯定，时不时地夸夸自己，让自己更加乐观自信地学习和生活。

掌控自我，迸发持久动力

在做咨询交流的时候，有些同学对我说，虽然知道把大量的时间和精力花在玩电子游戏上很影响学习，可总是控制不了自己；还有些同学说，自己属于极易发怒的那类人，经常是别人无意中的一句话就能触动自己的情绪，一旦发起火来，就怎么也压不下来。这些孩子自己也很苦恼，他们问我该怎么办，我个人认为这是因为他们缺乏自我控制的能力。青少年就像是刚刚升起的太阳，血气方刚、充满活力，但与此同时自控力相对也弱一些，在控制不良情绪、抵御外界不良诱惑方面存在这样那样的问题和困惑。如何掌控自我、提高自控力是每一个青少年在成长过程中无法回避的问题，也是每个青少年急需学习的一门人生必修课。

⊙掌控好自己的情绪“开关”

我经常发现有的青少年不能很好地调节自己的情绪，做事情总喜欢由着自己的性子来，稍有不如意，就容易生气和发怒。我遇到的一个孩子在这方面就很典型，她从性格上来看完全属于冲动型的人，凡事都凭自己的一时兴趣，今天喜欢书法，哭着嚷着要父母为自己报书法兴趣班，明天就把这一想法完全抛到脑后了。她不仅想法多变，在情绪上也是如此，前一分钟还喜笑颜开，后一分钟就号啕大哭了。总体来说，她的情绪总是多变得让人捉摸不透，还会时不时地将自己的情绪转嫁到别人身上，总是埋怨别人不理解自己。

很明显，这个女孩缺乏很好的自控力。自控力是指自我控制的能力，是一个人对自己的情感、欲望等施加正确控制的能力。培养自控力不是让我们压抑住内心的所有想法，变成沉默的羔羊，而是要让我们心中积极的、有助于个人成长的方面压倒那些消极的、对个人成长不利的方面。

很多人在青少年时期之所以不能很好地控制自己的情绪，是与这一时期特殊的生理特点有关系的。青少年时期正是身体快速发育的时期，这一时期身体上的变化很容易带来情绪上的变化，造成情绪不稳定、易波动。人的情绪在多数时候都倾向于获得一种本能的、暂时的满足，对于那些阻碍我们满足的因素总会表现出种种排斥反应，然而现实不允许我们为所欲为，因此我们应控制好自己的情绪，做好自我约束。

那么，青少年应当如何控制自己的情绪呢？下面提供一些方法，大家不妨参考一下。

1．正视自己的负面情绪

沉浸于负面情绪的一个重要原因是缺乏正视负面情绪的勇气，往往很小的一点失望、失落都会引发很大的情绪波动。多数负面情绪的产生都是因为觉得自己的内心受到了伤害，或是别人的行为触犯了自己的利益，或是做了自己根本办不到或办不好的事情，因遭遇挫折而感到难过委屈，还有可能是因为缺乏表现的机会，无法让人看到自己的实力，为自己的才华被埋没而感到遗憾……其实，我们都是常人，每个人都可能产生消极情绪。正视自己的消极情绪，采取恰当的措施应对，以免造成进一步的影响 。

2．利用转移法，调节自己的情绪

当我们受到挫折或失败的打击时，与其长期沉浸在痛苦中，不如尽快转移自己的注意力，让负面的情绪得到转移或分散。我们可以试着到一个新的环境中去调节和放松心情，也可以把自己的兴趣和注意力转移到其他有意义的事情上，转移到那些能让你忘记不良情绪的活动上。

3．尝试着回忆愉快的生活体验

生活是丰富多彩的，我们的生活体验也是多样化的。在不良情绪来袭的时候，我们可以多回忆积极向上、愉快的生活体验，这有助于克服不良情绪，保持乐观的心理状态。比如在考试失利的时候，不要总是自怨自艾，而可以想想自己在这次考试中表现好的方面和自己的收获。也许有些题目你做对了，可是很多人没有做出来，这就说明你还是有能力的，总之要尽量往好的方向想。

4．适当宣泄

要调控好自己的情绪，并不意味着总是要压抑情绪，也应该学会适当宣泄消极情绪。如果你总是克制自己，不良情绪就会越积越多，最终可能使你变得悲观消极，所以，还得学会倾吐，学会适时宣泄。比如，在你感到苦闷的时候，可以向你的好朋友倾诉一下，可以选择一个空旷的地方大声地喊出来，甚至可以痛痛快快地大哭一场……

对于青少年来说，情绪方面的自控力显得尤为重要，只有掌控好了情绪开关，我们才能更好地表现自己和实现自我价值，离成功更近一些。

⊙诱惑当前，学会控制自己

爱玩是青少年的天性，现代社会中玩乐方面的诱惑实在太多了，倘若青少年一味贪图玩乐，就会失去最基本的自我控制能力。有些人追逐时尚，热衷于模仿名人的一举一动，甚至不惜耗费巨资参加选秀；有些人对网络游戏总是乐此不疲，甚至废寝忘食；有些人一看到自己喜欢吃的东西就不加节制，对自己不喜欢的东西一口不吃；还有的人，容不得别人比自己好，总想将好的东西占为己有……这些都是缺乏自控力的表现。

缺乏自我控制能力，使很多青少年在诱惑面前变得不堪一击。我们常常有这样的感受，因为无法控制自己而做了一些不该做的事情，事后倍感后悔，可下一次还是难以控制而重蹈覆辙，这就是缺乏自控力导致的。缺乏自控力，不仅会造成时间和金钱的浪费，妨碍人生目标的实现，甚至会严重阻碍我们的健康成长。

我相信在生活中，没有人从不面临诱惑，但是，在面临诱惑的时候能进行自我控制，懂得抗拒诱惑的人更能把握成功的机遇。对于青少年来说，应如何在日常生活中训练自己的自控力呢？

要训练自控力，不妨从日常的行为习惯着手，从身边的小事做起。你可以给自己制订一些日常行为的计划，如学习计划、零用钱管理办法、日常时间安排表等。如果你是那种一拿起电视遥控器就不愿放下的人，就可以给自己订好计划，规定自己下课后一定要做完作业才开电视，而且看电视的时间也应有所控制。你还可以通过找朋友玩或培养其他兴趣爱好的方式，转移自己的注意力，也可以请父母或者朋友做自己行为的监督人，从而控制和约束自己。如果你总控制不住自己乱买零食的习惯，就可以为自己每天的消费额定一个标准，并让父母配合，分次给你零花钱。你还可以把自己的日常行为记下来，过段时间再回过头来检查一下自己的执行情况，不断反省，努力改进。

警惕自我认知的误区

青少年处于品质培养和人格形成的关键时期，心理上的波动常常会影响其对自我的认知和评价，如果被一些消极的情绪左右，就很容易受影响而失去对自己的正确认知。

我一直强调现在的青少年要保持一种良好的精神面貌，以自信积极的心态对待周围的人和事。我认为，青少年在认知自我的过程中，一定要特别注意调节好以下几种情绪：

⊙自恋

自恋和自信有一定的相似性，即都是建立在自我肯定的基础上的。自恋与自信的区别在于对自我肯定和重视的程度不同，自恋是一种过了头的自我肯定，超过了一定的限度。度的掌握其实是一个很重要的问题，我们常说“物极必反”，好事办得过了头就不见得是好事，同样，太过于肯定自己，就容易导致眼中没有他人，忽略别人的感受。

自恋的人一般都因为自我感觉过度良好，太重视自己而无法看到别人的优点和长处。我知道的一个女孩就是这样，她其实各方面条件很一般，但总是认为自己容貌出众，觉得自己是校花，有事没事就拿镜子出来照，不理身边其他同学，觉得任何人都没有她漂亮，不配跟她做朋友，这就是自恋过头了。还有一个初三的男生，本身能力并不怎么样，可到哪里都想成为众人瞩目的焦点，总喜欢对自己的才华夸夸其谈，一旦觉得有人抢了自己的风头，就会表现出强烈的嫉妒心。

这些同学的行为就是自恋的表现。他们在看待和讨论问题的时候常常从自己出发，无限放大自己的形象，忽视别人的感受。一般来说，适度的自恋是一个人肯定自我的表现，但是自我肯定超出了正常限度，就会影响我们的人际交往。

那么，我们该如何把握这个限度？什么样的人属于自恋的人呢？根据日常的观察和理解，我认为自恋的人多多少少会表现出如下特征：

1．自我表现欲望强烈，无论做什么事都希望吸引别人的注意力。

2．自以为是，以为自己卓尔不群，常常夸大自己的成绩而忽视别人的感受。

3．自我沉醉，有时会陷入一些不切实际的幻想中，对荣誉和成绩的渴求欲望强烈；做错了事情也会想办法辩解和推诿，看不到自己的过错。

4．在与人交往的过程中，显得傲慢而专横，妄自尊大，喜欢抢功劳、占小便宜。

自恋其实是一种不健康的心理，虽然每个人都渴望自我实现和自我满足，但凡事都有个分寸，不能只顾着自己而损害了别人的利益。

凡事以自我为中心，觉得自己总是正确的，别人总是有缺陷的，这是自恋型人的主要特征。要摆脱自恋情结，首先就要改变这种观念。青少年必须对自己有正确的评估。每个人都不是完美的，都有很多凭个人能力难以完成的事，我们要想立足于社会，就得学会以正确的方式与人相处，学会认识自己的不足，接受别人的批评意见和帮助；在为人处世时，不仅要考虑到自己的需求，还应顾及别人的想法和感受。

其次要学会关爱他人。以谦逊而友好的姿态与别人打交道，主动关爱他人，当别人需要帮助的时候更应该如此。比如说同学在学习上遇到难题了，你主动去帮助解答；同学身体不适，你送上一份及时的关心与问候；同学在经济上遇到困难了，你尽力提供帮助。学会关爱他人，你的自恋情结自然就会减轻。

走出自恋的误区，我们才能以更积极的精神面貌去面对人生，挑战自我，获得成功。

⊙自闭

与自恋一样，自闭也是我们在自我认知过程中应该警惕的一种不良心态和行为。在多年的教学中，我接触过不少这种类型的孩子。锐宁是个小学六年级的学生，我一开始觉得他也没什么不对劲的，智力正常，语言能力也似乎正常。经过观察，我才发现他还是有些与别人不一样的举动，如对别人的问话经常不回答或者答非所问，喜欢沉浸在自己的世界里；和别人说话的时候也不看人；平时喜欢一个人看动画片，独处的时候嘴里总念叨着电视里面的台词；教室里稍微有点吵闹就接受不了。他的种种行为，其实是自闭的表现。

自闭常常源于儿童早期生活，很多青少年的自闭症也是因儿童时期的自闭心理难以摆脱而逐渐加剧的，这种心理还有可能一直持续到成年，表现为喜欢独处但常常感到孤独，社交困难，缺乏与人沟通和交流的能力等，这样的人即使是和父母也不能敞开心进行沟通。

自闭严重地影响了我们的人际交往，是青少年在成长过程中亟须克服的一种不良心理。有自闭倾向的同学一定要尽早采取一些有效手段来进行矫治。

首先要明白自闭的危害，然后从心理上进行调节。长期困于自闭，会影响个人的智力发育，造成个人在人际交往中的交流障碍，甚至还会引起语言功能的退化，这对个人的健康成长是极为不利的。明白了这些危害后，我们应该在心理上对自闭加以排斥和抵制，学会敞开心门，以积极的姿态面对生活，让温暖的阳光及时照进自己的心里。

其次要加强与外界的沟通和交流，扩大自己的生活和交际圈，多参加一些集体活动。你不要总守着自己的狭小空间，要多将自己融入集体，主动去亲近别人，这样就不会轻易陷入孤独和自闭中了。如果你觉得自己很难一下子融入集体，可以先试着结交几个为人热情、善良、乐观的朋友，时不时地向他们倾吐自己的感受，和他们交流自己的思想，通过他们的帮助，锻炼自己与外界沟通的能力。此外，你还可以观察和学习朋友们在为人处世上比较好的做法，优化自己的行为，这样，你就能在潜移默化中慢慢改变，就不会觉得与人打交道是件费力的事情了。

总的来说，克服自闭需要依靠自身的不断努力。只有摆脱自闭的困扰，我们才能更好地认识自我，融入社会，建立健全的人格。

⊙焦虑

在生活中，焦虑是很多人都会有的一种情绪。当我们预感将有危险或是自己处于某种潜在的危险处境时，焦虑情绪就会自然产生，从而提醒我们进行自我保护。适度的焦虑可以集中人的注意力，让人的思维变得更敏捷，反应的速度也会更快，从而能积极地应对危险；可是焦虑过度就会造成精神的极度紧张，干扰我们正常的学习和生活。比如在考试的时候，情绪要是处于适当的焦虑状态，能使我们的注意力更集中，思路更加清晰，做题也更有效率，但是若分寸没掌握好，焦虑过头了，就容易影响正常能力的发挥。

实际上，过度焦虑不仅会影响我们在考场中能力的正常发挥，还可能妨碍我们的正常生活。过度焦虑让身体总是处于紧绷的状态，久而久之，就会造成疲乏或浑身无力，影响身体的健康。焦虑引发的紧张情绪，严重限制了个人精力的集中和正常思维活动的进行，甚至会让人产生幻觉或自杀的念头。它不仅阻碍着自我认知活动，还极大地危害着身心健康。

在学习和生活中，引起焦虑的原因很多，作业负担、升学压力、人际交往困难等都可能弄得我们心神不宁，使我们感觉紧张不安。这时我们就需要调节好自己的情绪，保持一个健康良好的心态。

那么，我们应当何调节自己的情绪，令自己保持好心态呢？我建议大家这样做：

首先是树立积极乐观的人生态度，用自信心态来抵制焦虑的入侵。我们的焦虑多数时候是因为夸大了困难而忽视了自己的能力，觉得自己在做某件事的时候很难取得成功。所以，如果凡事都能从好的方面来想，增强自己的自信心，焦虑也就不会那么容易入侵了。

其次是学会自我放松，这对缓解焦虑情绪是很有帮助的。比如说，你在遇到难题而感到焦虑的时候，可以适当停下来放松一下，去操场运动一会儿，以此来放松自己的身心。当你为自己的错误决定而倍感焦虑时，可以多回忆一些美好的生活体验，以此来转移自己的焦虑情绪。你还可以多去郊外走走，亲近大自然，让心情在大自然的陶冶中变得舒畅起来。

除上述两点之外，你还可以主动地与父母、老师、朋友交流，积极应对，克服焦虑，千万不能将其一直积压在心里，导致其变成抑郁。

警惕过度焦虑，学会向生活微笑吧！凡事保持一种平和、坦然的心态，脚踏实地做好该做的事，你便能找到一片开阔的天空。

找到通往自我认知的正确桥梁

有人觉得自己过得很好，有人却觉得自己过得很糟糕，这不仅取决于物质条件，还与生活态度有关。有些人能将自己的才华施展得淋漓尽致，有些人却总是陷入自卑或自恋的情绪中难以自拔，这里面有个人能力差异的因素，而更重要的是个人自我认知的原因。找到通往自我认知的正确道路，每个人都能收获真正的幸福与成功。

⊙幸福感取决于你的心态

很多同学都希望能够在学习和生活中找到幸福感和成就感，却很少认真思考：幸福感究竟是什么？它与什么因素有关？我们要怎么才能拥有自己的幸福感？只有想清楚这些问题，我们对幸福感的追求才不会盲目。

实现自我价值是一个人的高级需求，自我实现与满足的程度与我们的幸福感有着密切的联系。有专家曾对某一地区青少年的主观幸福感指数进行调查，发现那些在学校担任一定职位、拥有较高自主性、人际交往能力强的学生的幸福感指数比一般孩子的高。这些孩子的能力可以在校园活动中得到施展和体现，他们能够满足自己的自我实现的需求，因此他们的幸福感就更高一些。

幸福感作为一种主观的心理感受，是取决于我们自身的，最主要的是看我们对人和对事的心态。自信乐观的人往往能较快地实现自我满足，他们不仅能尽情展示自己的才华来显示自己的能力，还能通过心态的调整来缓解不愉快的情绪，强化自己的愉快体验，从而让自己获得幸福感和满足感。那些总是不能调整好自己心态的人，则很难实现自我满足。这一方面是由于他们在看问题的时候总是看到消极的一面，高估了困难却忽视了自己解决问题的能力，结果被困难吓倒而埋没了自己的才华；另一方面则是因为这类人的欲望很多，要完全得到满足是很困难的。

尚学和尚志是一对性格迥异的双胞胎，哥哥天性悲观，弟弟则像个天生的乐天派。在他们12岁那年的圣诞节前夕，家里人希望改变他们的性格，就为他们准备了不同的礼物：哥哥的礼物是一辆崭新的自行车，弟弟的礼物则是满满的一盒鱼饲料。

拆礼物的时候到了，所有人都等着看他们的反应。

哥哥先拆开他那个巨大的盒子，竟然哭了起来："你们知道我不会骑自行车，而且外面还下着这么大的雪！"正当父母手忙脚乱地希望哄他高兴的时候，弟弟好奇地打开了属于他的那个盒子——房间里顿时弥漫着一股鱼饲料的味道。弟弟欢呼了一声，然后就兴致勃勃地东张西望起来："快告诉我，你们把鱼儿藏在哪里了？"

兄弟俩的反应说明：我们的快乐与否有时并不完全取决于外在条件，而与我们看待问题的角度和心态有关。心态好，自然更容易获得幸福感。对于一个悲观的人来说，天下没有一件事是契合他的心意的；对于一个自信乐观的人来说，即使大雨滂沱，他的内心依然阳光明媚。

在交流中，很多青少年都向我诉说了自己生活和学习中的诸多不如意，比如竞选班干失败，与年级前三名失之交臂，失去了一些展现自己的机会，等等。这些事的确让人遗憾，但你要记住，没有哪个人在人生路上是完全顺心的，成功固然能给我们带来喜悦，但失败也可能是我们成长的契机。任何时候都要调节好自己的心态，因为这与你的幸福感有关。

⊙生活的智慧：带着镣铐跳舞

提到自我认知，我想到两个大学毕业生，他们在成长中的经验也是值得我们借鉴的。

张建是一所普通大学的毕业生，在校时的学习成绩和各方面条件都不错。找工作初期，他满怀信心。但由于专业冷门等原因，他去了好几家公司面试，都在第一关的时候就碰了壁。慢慢的，张建产生了自卑感，在后来的择业过程中表现得越来越差，后来到新的公司面试时，只能被动地问“学某某专业的要不要”，其他的什么话也不敢讲，更无法完全将自己的优势表现出来，结果，毕业一年多了都没有找到合适的工作。

董方的情况跟张建恰好相反。他自恃是名牌大学的毕业生，而且口才不错，在与用人单位面谈时总是自我感觉良好。一番高谈阔论之后，有些忘乎所以，当用人单位问他的个人爱好是什么时，他回答说“吃喝玩乐”，结果被用人单位毫不犹豫地拒之门外了。

张建和董方都没能很好地认识和评估自己。张建因为自己的专业冷门，几次碰壁后就一蹶不振，全盘否定了自己，从而陷入恶性循环的怪圈中。而董方在找工作的时候未能给自己一个正确而合理的定位，自视过高而忘了应有的分寸，最终也以失败告终。

由此可见，自我认知和自我表现都要掌握好一定的分寸和限度。凡事都要有限度这个道理可能很多人都明白，却未必人人都能做到，能否把握好这个度是一种生活的智慧。

我们有时候会听到“戴着镣铐跳舞”的说法，其实说的就是这种智慧。在跳舞时，我们总是希望最大限度地表现和满足自己，可如果完全没了章法，整个舞蹈看起来就会很凌乱，只有接受一定的规则限制并留意自己的舞步，才能舞得精彩。

自我认知的过程也是如此，把握一定的分寸，我们才算找到了通往自我认知的正确道路。青少年在成长过程中，保持自信的心态很重要，但自控力也是必不可少的。找到自己值得肯定的地方，用自信驱走悲观，你就可以快乐地面对这个世界。学会自我控制，以积极的情绪来直面生活、完善自我，我们才能真正适应这个社会，从而更好地实现自己的价值。

一个真正聪明的人应该是一个懂得将自我满足、自我实现与自我控制结合起来的人，这是生活的智慧，同样也是成就卓越人生的必要条件。

名言修炼堂

1．你要认识你自己。

——【古希腊】苏格拉底

2．没有完全的独立，就没有完全的幸福。

——【俄】车尔尼雪夫斯基

3．有自信，不自欺是中华民族的传统美德。

——鲁迅

4．相信自己是有才华的人才，才对人类最有益。

——【美】卡耐基

5．深窥自己的心，而后发觉一切的奇迹在你自己。

——【英】培根

6．测量一个人的力量的大小，应看他的自制力如何。

——【意】但丁

7．哪怕对自己的一点小小的克制，也会使人变得强而有力。

——【苏联】高尔基

8．自信是走向成功的第一步，缺乏自信是失败的主要原因。

——【英】莎士比亚

9．别人认为你是哪一种人不要紧，关键是你到底是哪种人。

——【古罗马】贺拉斯

10．我们的生命虽然短暂而且渺小，但是伟大的一切正由人的手所创造。人生在世，意识到自己这种崇高的任务，那就是他无上的快乐。

——【俄】屠格涅夫

打开心灵密码之自我认知篇

正确地进行自我认知是个人健康成长的关键，也是个人能否把握成功机遇的重要条件。做做下面的题，了解一下你的自我认知情况吧！

1．你对自己的评价是：

A．不喜欢，想要赶快转变形象。

B．很好，我很喜欢现在的自己。

C．勉强喜欢，但觉得我能做得更好。

2．某天，有人说你的发型或者衣服很漂亮时，你会：

A．告诉他，是他的眼神有问题了。

B．对他微笑，轻声道谢。

C．内心不安，觉得他是在开玩笑或别有企图。

3．当父母介绍他们的朋友给你认识时，你的表现是：

A．躲在父母身后，偷偷看他们。

B．对他们微笑，热情地打招呼。

C．低着头，轻声问候。

4．事情进行不顺利时，你会怎样：

A．常常急得满头大汗。

B．想办法应对。

C．向父母或朋友求助。

5．只要没有过错，不管别人怎么说，你总能心安理得：

A．不是。

B．是。

C．不一定。

6．你会经常无缘无故地产生一种大祸临头的恐惧：

A．是。

B．不是。

C．有时如此。

7．有时你会无缘无故地感到沮丧、痛苦：

A．是。

B．不是。

C．介于A、B之间。

8．当你决心做某件事却没人赞同时，你会：

A．放弃不做了。

B．仍然坚持到底。

C．开始犹豫，决定问问别人的意见。

9．在独处的时候，你会翻看自己以前的照片吗？

A．经常。

B．偶尔。

C．很少。

10．在老师布置的活动中，你最喜欢的类型是：

A．能独立完成的活动。

B．需要与人合作，但能自主选择搭档的活动。

C．老师指定分组的活动。

测试结果：

在上面的10道题中，如果你的选择中B占多数，说明你是一个自我认知能力比较强的人，你很有自信，也有一定的自控力；选择A和C较多的同学，则需要进一步加强自我认知方面的修炼。

>>> PART 2

品格教养修炼

做好品格和教养修炼，是成就卓越的重要保障。

本章重点：

培养卓越品质

品格和教养对青少年而言，缺一不可。品格是一种内在的品行、品性，教养则表现为外在行为方式中的道德修养状况。只有内外兼修，个人才能有气质、有涵养。诚信、责任心、积极进取、自我反省等优秀品格和教养都是我们在人生旅途中不可缺少的东西，会使我们获益终生。上好品格教养修炼这门人生课，培养自己的高德商，我们方能成为一个卓越的人。

上好你的品格教养修炼课

一个拥有良好品格和教养的人，物质上不一定富有，但能收获精神的硕果。对于青少年来说，培养良好的品格和教养，并将其固化为一种习惯，是一堂人生必修课。

⊙从1万英镑买别墅说起

美国有位孤独的老人，无儿无女又体弱多病。他决定搬到养老院去，于是宣布出售自己的豪宅，购买者闻讯蜂拥而至。住宅底价8万英镑，购买者们很快就将它炒到了10万英镑，价钱还在不断攀升。老人坐在沙发里，满脸忧郁。要不是身体情况的原因，他是不会卖掉陪他度过大半生的豪宅的。

这时，一个衣着朴素的青年来到老人眼前，弯下腰，低声说："先生，我也很想买这栋住宅，可我只有1万英镑。如果您把住宅卖给我，我保证您依旧生活在这里，和我一起喝茶、读报、散步，天天都快快乐乐的。相信我，我会用整颗心来照顾您！"老人颔首微笑，把住宅以1万英镑的价钱卖给了他。

这则故事告诉我们，达到目的的方式有很多，不一定非要绞尽脑汁地算计、冷酷无情地拼搏，有时候，一颗爱心就已足够。如果付出你的真心和爱心，你也许就能实现一些看似不可能实现的梦想。

在现实生活中，尽管并非人人都能以1万英镑买别墅，但是真诚、尊重他人、有爱心的品格能为我们创造意想不到的财富。高尚的品格不仅彰显了个人魅力，同时还能帮助我们凝聚人心，跨越前进路上的障碍，指引我们收获成功。在品格方面进行投资的人，虽然不一定能获得物质上的富有，但能实现精神上的收获与满足，获得无价的财富。

⊙好的品格和教养是自身的财富

常言道："不积跬步，无以至千里；不积小流，无以成江海。"这告诉我们，任何时候都不要忽视小事，要注意积累。有些东西虽然看起来是微不足道，但积小成大，终有一天，它会爆发出强大的力量。

同样，好的品格和教养也是一天一天渐渐养成的。在我们的成长过程中，时间是财富，苦难是财富，勇敢、诚信、宽容、谦虚、奉献、责任感、爱心等品质同样也是财富。在人生道路上，唯有不断积累这些财富，我们才能收获自己的成功和幸福。

小时候的卡耐基被公认为是一个调皮的孩子，后来在继母的鼓励及帮助下转变了人生态度，在人生道路上一步一步净化自己的品格和教养，最终成为举世闻名的成功学家。卡耐基并没有探索和解决科学领域中的深奥问题，但他从生活常理中提炼出来的处世哲理，在帮助人们学习如何为人处世，如何学会自尊自重、获得勇气和信心，以及克服人性的弱点、发挥人性的优点，从而获得事业的成功和人生的快乐等方面，作出了巨大的贡献。良好的品格和教养是卡耐基一生执著追求的东西，也是他收获财富的重要保障。

在卡耐基的成功经验中，品格和教养的修炼得到了突出和强调。不仅是卡耐基，对于我们每个人都是如此，良好的品格教养是我们自身的财富，经常能给我们带来一些意想不到的收获，这是金钱所办不到的。

青少年生活的圈子狭小，干大事的机会也有限，但注重品格修炼，培养良好的德行还是非常重要的。年仅13岁的成都小作家王艺锦在三年的时间里，游历了欧洲29个国家，将旅途中的所见所闻写成一本12万字的欧洲漫游记——《背着书包逛欧洲》，还把图书签售义卖的善款全部捐给了地震灾区的小朋友。此外，她与好朋友一起，成立了爱心基金并自任理事长。像这样的爱心作家，在我们的青少年群体中还有不少，他们都是为我们树立品格标杆的同龄人，也因此获得了社会的认可。

和品格一样，我们还经常听到的一个词就是“教养”。我们的教养与所受到的社会影响、家庭教育、学校教育、个人修养相关，尤其是家庭教育，是关系着我们教养情况的重要因素。我们经常提到的要讲文明懂礼貌、人际交往中要注意言行得体等，说的就是要体现出好的教养。教养的表现形式是多种多样的，而且多体现在一些生活细节上，因此，我们需要时时注意，事事用心。

只要稍微留意一下我们的生活就不难发现，教养良好的人总能赢得别人的喜欢和尊敬，让大家都乐于与其交朋友。值得注意的是，好的教养虽然都是通过外在的行为表现出来的，但内在的修炼也不容忽视。倘若缺乏内在素质的支撑，即使能偶尔装出一副好教养，也无法持久。所以，要保持并体现自己的好教养，需要我们从内外两方面去努力。

绅士风度、淑女风范可以说就是我们在教养修炼上的一种可参考的规范。这两个词我们可能都听说过，而且很多同学还在努力践行着，但我想说的是，它们并不是在表面上下工夫就行了，而是需要内外兼修。绅士风度涵盖的内容是很多的，包括注重仪表，在生活中注意自己的言行举止，如为女生开门、女生优先之类的小礼貌等，还包括很多内在的素质和修养，如绅士们必须在任何情况下，尤其是遇到危急状况时，保持理智、平静，如果没有良好的心理素质，这些都是很难办到的。同样，淑女风范也包含着内外兼修的意思，甚至内在的修炼显得更为重要。

好的品格和教养不仅是我们自身的财富，也是我们在与人交往中增进双方关系的融洽程度，以及自身走向卓越的必备条件。

⊙让良好的品格教养成为一种习惯

习惯是生活中习以为常的举止行为，是我们在生活中长期积累、逐渐养成的行为观念。我们对习惯的选择就像是走路，选择了一条路，就会在较长时间内一直沿着这条路走下去。培养好习惯会影响人的一生，所以我们应该让良好的品格和教养成为一种习惯，帮助我们成就卓越。

好习惯是青少年成长路上的法宝之一。它涵盖着广泛的内容，如好的生活习惯、好的学习习惯、好的行为习惯、好的思想习惯等。让好的品质和教养成为一种习惯就要从小处积累，不断强化好的品质和教养，这就像是纺纱一样，一开始只是一条细细的丝线，只要我们不断地重复相同的行为，就会在原来那条丝线上不断缠上一条又一条丝线，最后它便成了一块纱。如果每一条纱线都是好的品质、好的行为，我们最终就能成为一个拥有强大能量的优秀的人。如果每一条纱线都是恶习的话，我们就会作茧自缚而陷入泥潭。

有这样一个发人深省的故事：

小名和小林是某中学初三的学生，两人是好朋友，由于各自的父母都长期在外打工，爷爷奶奶对他们宠爱有加却很少管教，他们自己平时也不太注重自己的品格和教养，一直爱撒些小谎，贪些小便宜，久而久之就养成了许多不好的习惯。

一次，他们两人在教室里偷同学的东西被发现了，老师当众严厉地批评了他们，并说如果再犯就要将他们开除。看着同学们异样的眼光，小名觉得很惭愧，他发誓以后绝不偷东西，一定要改掉这个毛病。之后的日子里，他时刻谨记老师的教诲，摒弃了那些不劳而获的想法，踏实做人、认真做事，也将大部分精力都花在学习上。这样，他逐渐改掉了原来的坏毛病，在学习上也取得了明显进步。

而小林面对老师的批评和同学的指责，不思悔改，在后来的一次偷窃中被警察抓住了。

对此，小名不禁感慨万千："小林这样真是可惜了啊，以后他会后悔的。我在刚开始克服坏习惯时真是觉得艰难，幸好我坚持了下来。"

坏习惯在是一举一动中无形生成的，想要改正，需要付出时间和毅力的代价。尤其是在品格和教养上，一旦坏的方面占了上风，成为习惯，你的身上就像被缠上了铁链，它不仅无形地限制着你的行为，还会吞噬你的精力和生命。要避免这些坏习惯的侵袭，最直接的办法就是不断学习和强化好的习惯，当好的行为举止在你的身上形成惯性时，那些不好的行为举止自然也就没有可乘之机了。

习惯是在重复中巩固下来的，而一旦稳定，就难以被改变。我所说的让良好的品格教养成为习惯，就是希望大家能将品格教养中好的方面保持和固定下来，让它们成为伴随我们一生的品格教养。

有专家研究发现，21天以上的重复行为就会形成习惯，而90天的重复行为则会形成稳定的习惯，这就是21天养成法。也就是说，只要你坚持一种好的行为21天，并在后续的三个月里不断加强巩固，那么这种行为就会成为一种稳定的习惯。

不要以为这样做很难，只要你用心了，你就能做到。比如在学习这件事上，如果你对学习不感兴趣或讨厌学习，你可能会觉得学习是件枯燥的事情。而如果你能改变这种心态，尝试着寻找学习中的乐趣，可能就会有新的发现。或许在刚开始改变时，你仍然会觉得学习是件乏味的事情，但只要你不断地提醒自己努力坚持，尝试着在学习中寻找乐趣，也可以预想好好学习的美好结果，以学习促进成功的例子不断激励自己，这样一天天地不断积累，持续21天以上，这种以学为乐的思想就会成为一种稳定的习惯。这种习惯一旦形成，你就会不自觉地将生活中的多种现象都与学习联系起来，这样，学习就成了你生活中必不可少的一部分，你学起来自然就会觉得有趣得多。

总之，如果你在任何时候都记得保持好的行为，并让它们固化为稳定的习惯，最终你就会成为一个优秀的人。

成就卓越的重要品质

我在对名人的成功经历进行分析时发现，尽管每个人的奋斗历程、取得成功的领域不尽相同，在他们在品质上却有着诸多相似之处。可以说，正是因为这些品质，他们才能在成功的路上走得那么远。

⊙诚信：为人处世不可缺少的品质

诚信是我们在任何时候都应该坚守的品质，在成功路上，诚实的品格甚至比能力更重要。一个人失去了诚信，就会在别人心中留下不好的印象，从而失去别人的信任，也可能因此错过很多成功的机遇。

诚信的一个方面就是诚实。在一些生活小事上撒谎是青少年中普遍存在的一种不诚信行为，我身边就有一些同学时不时地会出现这样的问题。有些同学在家里玩耍的时候，无意中弄坏了东西，比如说打碎了家里的盘子或者花瓶，因为怕挨家长的骂，就会把弄坏的东西藏起来或扔到较远的垃圾堆里，及时清理现场，当家长质问的时候便佯装不知。有些同学在外闯了祸，回家担心被父母责罚，也会说一些谎话。还有些同学平时学习不认真，到考试的时候成绩很不理想，父母又要看成绩表，他怕骂就把成绩单的分数涂改了，实在是无法涂改时，就骗父母说是成绩单丢了，开起家长会来就一面瞒着父母一面对老师撒谎……这些行为都是不诚信的表现。据我了解，一些同学撒谎，本意只是想逃避父母或老师的责备，可纸是包不住火的，任何谎言总有被揭穿的一天，当真相被发现的时候，你仍然要面对做错事的后果，并且很可能因为撒谎而面临更加严厉的惩罚。再有，撒谎和隐瞒是一件很累人的事情，为了圆一个小谎，就要说一个更大的谎，为了隐瞒，你得绞尽脑汁、提心吊胆，这实在是得不偿失的。其实，做错事时承认错误并不是一件可耻的事情，它能让你记住这次经验教训，加以改进和提高，从而有新的进步。

除了诚实做人做事之外，诚信的另一方面内容就是要求我们在生活中要讲信用。去市场买过东西的人可能会有这样的感受，我们总是很讨厌那些缺斤少两的商贩，有时宁愿走远点，绕开那些没信誉的人。我们平时为人处世其实也是如此，名声就像是我们的一张名片，直接关系着别人对你的直观印象。我们在平时的生活里，自然也是愿意跟那些讲信用的人打交道，因为这会让我们觉得安全而实在，对于那些没什么信用的人，我们则会尽量避而远之。例如，那些与人约好了时间却不遵守、借了别人东西却不归还的学生总是不受欢迎的，这些不守信用的行为就已经影响到他们在别人心目中的形象，久而久之，就会失去别人的信任。

有些学生认为在一些小事上不守信用没什么大不了，这又没对别人造成伤害，也没触犯法律。这种想法其实是很有害的，因为有时候一些生活细节上的小事也可能影响我们的大事。而且，日常生活中一些不守信的行为，虽然初看起来是小事，长期积累就会成为品格上的大缺陷，影响我们的人生发展。

所以，青少年在日常生活中要注意培养诚信的品质，首先要学会诚实待人，实事求是，凡事讲真话，不撒谎；其次要重视自己的信用，在人际交往中做到言而有信，说到做到，一旦许下承诺就应该及时兑现；最后不要忘记反省，要学会正视自己的缺点和错误，一旦做了有违诚信的事情，就要敢于承认，努力改正。

诚信不仅是做人的准则，也是做事的基本要求，青少年要努力做一个诚实的人，建立起自己的信誉。

⊙勇敢进取：实现个人价值的助推剂

在生活中，我们做很多事情都需要勇气作支撑，尝试需要勇气，放弃需要勇气，创新需要勇气，成就卓越人生更需要勇气，甚至对有些人来说，一些生活中的细微小事比如上课发言等，也需要极大的勇气。我在从事教育培训的过程中发现，有些青少年在课堂上发言时，声音低得只有自己听得到；有些青少年在公众面前一说话脸就发红；有些青少年遇到问题从不敢请教老师和同学……这些都是在生活小事上缺乏勇气的表现。

美国成功学专家卡耐基说：“演讲能力是成名的快捷方式，这种能力使一个人备受瞩目，鹤立鸡群。”现在的很多学校也都强调演讲的重要性，有些学校还开设了专门的演讲课，要求学生大声演讲和交流，以培养学生的辩论能力。能言善辩是以后找工作和社交的必备能力，如果你连在课堂上公开发言都腼腆害羞、支支吾吾，实在是需要提高了。

对于不敢主动发言和大胆表达的人来说，首先要做的就是拿出勇气，大胆地说出自己心里的想法。我们在公众场合不敢表达自己观点的原因主要有两点：一是性格内向，习惯独处；二是害怕自己的观点得不到别人的认同。对于第一种人来说，就是要扩大交际面，激发自己个性中的勇敢元素，培养与人相处的能力和口头表达能力，适当改变过于内向的性格。对于第二种人来说，则要克服恐惧感，增强勇气和抗挫能力，大胆说出自己心里的真实想法。

敢于发言，勇敢地表达自己，不仅是对我们心理素质和表达能力的检验，还能让我们赢得更多的认同与支持，让我们争取到更多实现个人价值的机会。

事实上，勇敢进取远不止敢于表达这么简单，它还是一种不怕困难、敢于直面现实、积极争取胜利的优秀品质。美国作家海明威也可以算是一个极具进取精神的硬汉子。

海明威曾尝试吃过蚯蚓、蜥蜴，在墨西哥斗牛场亮过相，闯荡过非洲的原始森林，两次世界大战都上了战场。在第一次世界大战的时候，他还干过冒着炮火抢救伤员的事，后来自己也被炸伤了腿，但他仍背着伤员顽强前进。结果，他的英勇行为感动了敌军将领，将领下令停止炮击，放他过去。

在写作方面，海明威曾经雄心勃勃地表示要超过莎士比亚，干掉屠格涅夫，把莫泊桑、司汤达打在地上说胡话。决心下定，他就奋力拼搏。1949年，他的朋友福克纳获诺贝尔文学奖，海明威不服气，匆匆写了一部

小说要超过他，反遭失败。倔强的海明威爬起来继续努力，终于写出了小说《老人与海》，获1954年诺贝尔文学奖。

在《老人与海》中，有一句响当当的名言：“人是不能被打败的，你可以把他消灭，但不能打败他！”

就像《老人与海》中的老人一样，海明威很多时候都在践行勇者无畏这一真理。一个人只有怀揣勇气，积极进取，才不至于被困难和挫折吓倒，才能坚定地走自己的路，最终实现自己的人生价值。这些都是青少年需要领悟的。

勇敢进取是我们实现人生价值的助推剂，但不是每个人都是天生的勇者，这需要后天的积极训练。青少年要练就勇敢的品质，首先就要走出温室，抛开父母的溺爱，学习独自面对问题，克服困难。即使有些事情刚开始做得不好，也不能放弃，要勇敢地尝试。其次，我们还可以为培养自己的勇气创造条件，积极发展多方面的能力，不要这也不敢做，那也不敢做，打球怕磕着，游泳怕淹着，爬山爬摔着，要多去尝试，多去克服困难，不要害怕受伤和失败。我经常要求我的学生多参加一些对培养勇气有益的活动，如登山、游泳、滑冰等。事实证明，这样的活动对于他们成就卓越非常有用，因为在活动中，他们磨炼了自己的意志，锻炼了自己探索和适应陌生环境的能力，也增强了自己的勇气。

⊙责任心：成就卓越不可缺少的护身符

对于渴望成就卓越的青少年来说，责任心是不可缺少的。在这个社会里，我们的行为总会对自己、他人乃至社会造成一定的影响，拥有责任心，敢为自己的承诺和行为负责，正是我们走向成熟的标志之一。拥有了责任意识，我们才能找到自己的位置并施展自己的能力，一个没有责任心的人是永远长不大的，试想，如果一个人在青少年时没有独立办事的能力，对人、对事缺乏必要的责任心，事情没办好也不负责任，这样的人成年后又怎么能在社会上安身立命、有所成就呢？

人在一生中会遇到很多需要自己负责的事情，通过一次次的历练，我们才会慢慢成长和成熟，才有可能拿到成就卓越的通行证。因而，每个青少年都应该培养自己的责任心，敢于担当。

在培养责任心之前，我们应该对责任心有一个全面的了解和认知。一般来说，责任心包含两个方面，一方面是针对自己的，即对自己的言行负责，另一方面是指向他人和社会的，就是说要对他人和社会负责。

青少年要树立起责任心，首先要做的就是对自己负责。在当前的青少年群体中，普遍存在着为自己的行为寻找理由和借口，不懂自我负责的现象，例如有的人没带伞淋了雨，就抱怨妈妈早上没有给自己准备伞；体育成绩不好，就怪家长在饮食上不会搭配营养；学习成绩不好，就埋怨老师教得不好；与同学相处得不愉快，总说别人有性格缺陷……只知道埋怨别人，却很少反思自己的行为，这就是对自己不负责任的表现。我们每个人只有先承担起对自己的责任，学会时时检查并反省自己的行为，才算找到了成长的根本。

美国前总统里根回忆自己的成长历程时，讲了一件让自己受益终生的事。

11岁时，有一次，里根和小伙伴们一起踢足球，不小心打碎了邻居家的玻璃，邻居向他索赔12.5美元。在当时，12.5美元是笔不小的数目，足足可以买125只生蛋的母鸡！他知道自己闯了大祸并勇敢地向自己的父亲认了错，可他的父亲并不像其他父亲那样只是在语言上教育他，而是让他以自己的行动为这一过失负责。里根感到非常为难，因为他根本就没有这么多钱来赔给别人。这时，父亲拿出12.5美元说："这钱可以借给你，但一年后要还我。"为了对自己的过失负责，他开始了艰苦的打工生活。经过半年的努力，他终于挣够12.5美元，还给了父亲。

里根总统在说完这个故事后说道，父亲要求他通过自己的劳动来承担过失的做法，让他明白了什么叫责任，这对他以后的成长是至关重要的。

青少年树立责任感的第二个方面就是要对他人和社会负责，勇于承担对他人的责任。责任是我们每个人都要面对的，承担起自己对别人、对社会的责任，不仅能验证和提高我们的能力，还能让我们的人生变得更有意义和价值。

责任心是我们成长的动力，也是我们能力增长的一种体现。承担责任本身就是对我们价值的一种肯定。在你还很小或没有承担的能力时，有谁会让你担当责任呢？只有当我们在某些方面成熟了或是具备了相应的能力，才有可能被委以责任。有能力承担责任，对每个人来说，都是一件值得高兴的事情。

在生活中我们可能都会有这样的体验和感受，一旦作出承诺或是答应别人要对某事负责时，就会全面调动自己的能力去完成。在一段时间内如果你要承担的责任越多，你处理事情的能力和效率就变得越强。这是因为你心中的责任感已经转化为动力，激励着你不断前进。

我们都说一个人的潜能是无限的，但要完全激发出来也不是件容易的事情。责任感能激发人的潜能，因为承担责任对能力是有要求的，我们为了使自己具备承担责任的资格就会不断提高自己的素质和能力。在承担责任的过程中，我们不可避免地会遇到各种困难，但为了能负起应有的责任，我们就会努力让自己勇敢面对并克服那些困难，这就锻炼了我们身处逆境时的心理素质和解决问题的能力。

对责任的承担不仅是对自己的考验和锻炼，还能让别人因此获得幸福和满足，而一个能承担责任让别人幸福和快乐的人，能得到更多的尊重和赞扬，也能为自己的成功积累更多的资本。

⊙抗挫力：走出困境的必备工具

几个初中生因为害怕期末考试考不好，竟然相约一起投河自尽，幸亏被家长发现，才没有酿成惨剧；一名高中生因高考落榜，自觉无颜面对父母家人，于是选择喝毒药自尽；某中学一名男生因暗恋同校一女生，但遭对方拒绝，就跑到附近的桥上以死威胁……我们经常会在电视或报纸上看到类似的报道，让人不得不深思：现在的青少年究竟怎么了？为什么在困难和挫折面前的心理承受能力这么差呢？

每个人都期待能有幸福的生活，都希望自己的生活中多一些顺利少一些挫折，多一些快乐少一些悲伤，但世事难料，我们总会有失意的时候，总会有面对困难的时候。为什么在面对困难时，有人畏缩不前，怨天尤人，有人却能勇往直前，奋力拼搏，最终到达胜利的终点呢？这之间的差别就是抗挫力——承受挫折并勇敢面对的能力。因此，我们亟须的就是调整好心态，增强自己的抗挫力。

如果你在半山腰，突然遇到暴风雨，你不应该往山下跑而应该向山顶走。因为往山顶走，虽然风雨可能会更加猛烈，但相对来说还会安全些，而往山下逃生，表面上看遇到的风雨稍微小些，但不安全的因素在增加，比如说你可能会遇到泥石流、山崩之类的突发情况。在我们的人生道路上也是如此，遭遇风雨，你逃避它，或许就会从此一蹶不振；如果你迎向它、战胜它，可能在经过拼搏之后反而会获得更大的生存希望。这也是下面这个故事中驴子带给我们的启示。

有一天，农夫的一头驴子不小心掉进一口枯井里。农夫绞尽脑汁想办法救出驴子，但花了好几个小时，还是失败了。最后，这位农夫决定放弃，因为这头驴子毕竟很老了，不值得他花这么多时间和精力。这么想着，农夫便决定把这口井填起来，顺便把井中的驴子也埋了，这样它就不用受更多的苦。于是，农夫找来几个邻居，用铲子往井里填土。

看到这种情景，驴子了解了自己的处境。一开始，它只知道大声地哀嚎，但过了不久，它就安静下来了。农夫好奇地往井底看了看，不觉大吃一惊：当铲进井里的泥土落在驴子的背部时，驴子不是默默地承受，而是将泥土抖落在一旁，然后站到铲进的泥土上面！就这样，驴子把人们铲的泥土全部从自己的身上抖落下来垫在了脚下。很快的，这头驴子便上升到井口，然后在众人惊讶的表情中跃出井口，快步跑开了。

我们在生活中所遭遇的种种困难和挫折，就像是那些加在身上的泥土，它们能埋没我们，但从另外一个角度看，它们也是成就我们的卓越的垫脚石。只要我们勇敢地将它们抖落，然后踏着它们前进，即使是陷入逆境，我们也能安全脱离困境。

想要修炼和提升抗挫力，你可以从以下方面努力：

首先要树立正确的挫折观。要知道曲折和坎坷是我们成长过程中必须要迈的坎，迈过这个坎，我们的人生才可能迎来新的转机。每个人都是在挫折的磨砺中慢慢长大和成熟起来的，正视挫折，解决困难，我们才能走出困境。

其次是控制好自己的情绪，以积极的心态面对挫折。在困难面前，我们需要做的不是自怨自艾，而是调整好自己的心态，拿出坚强的毅力和必胜的信念，迎难而上。

最后要学会分散挫折的压力，尽快从消极的情绪中走出来。你可以适当地向自己的家人和朋友倾诉，或者寻求别人的帮助，还可以把心中的不快发泄出来，这样，你的挫折感就会淡化，你也就能尽快恢复状态，继续勇敢前行。

在成长过程中，每个人面临的困难可能是各不相同的，具备了承受和抵抗挫折的能力，我们就像是拿到了走出逆境的工具，它可以帮助我们战胜困难，迎来新的胜利。所以，我们应该积极地修炼自己的抗挫力，学会把挫折和困难看成是人生走向卓越的垫脚石。

品格在左，教养在右，好孩子如何左右兼修

前面我们提到，品格和教养在青少年成长中的作用是不可估量的，注重品格和教养修炼，实际上就是要求我们内外兼修。对于一个渴望成就卓越的青少年来说，只在品格培养方面努力是不够的，还应注重自己的教养修炼。一般而言，品格多沉淀于我们的内心，从表面一时难以看出来；教养则是个人修养的外在显示，能较为直观地表现出来，关系着我们的个人形象。

在人际交往中，我们在别人心目中的印象与我们表现出的教养有很大关系。一个有教养、待人彬彬有礼的人，往往会受到人们的欢迎，从而拥有自己的好人缘。

对于广大青少年来说，教养不是一朝一夕能够练就的，需要我们在平时的生活中多留心、多培养。

⊙懂礼仪，教养体现在细微处

有教养的一个基本要求就是我们常说的要懂文明礼仪。文明的语言、得体的举止是体现青少年修养和内涵的重要方面，也是青少年留给人最直观的印象。我们往往可以从一个人的外在仪表、语言和一些社交礼仪方面看出他的教养。

有一个小学五年级的学生，在班里成绩优秀，人缘却不怎么好，后来我仔细观察，发现他是一个不怎么注重仪表和谈吐的人。他的穿着总是显得很邋遢，说话也不怎么注意文明用语，动不动就蹦出一句脏话。尽管他的学习成绩很好，但是很多同学不愿意跟他交朋友，学习上需要分组合

作或者班级进行集体活动时，大家都不愿意跟他一组。

后来他的一个同学告诉我，他之所以在文明礼仪方面比较欠缺，是由于家庭的缘故。原来他的父母在他很小的时候就外出打工，家中只有他跟奶奶一起生活，而他把自己大部分精力都放在了学习上，所以无暇顾及这些生活小细节。

一次，我在商场的文具专柜遇见他，就抓住机会，给他讲了一些生活细节中应当注意的教养问题。我笑着问他："同样是买文具，你知道为什么卖文具的阿姨对你前面的小姑娘笑了却没有对你笑吗？"他摇了摇头，我接着说："因为那个小姑娘在买文具的时候用了'请'、'谢谢'之类的文明用语，而且还是微笑着说的，而你则是粗鲁地叫她'喂'。"他的脸刷的红了，之后，我又给他讲了一些名人注重教养修炼的故事，他若有所思。这次以后，我发现他在慢慢地改变。

在我们的生活中，很多人毫不在乎言行举止细节上的修养，还美其名曰"潇洒"，这其实对自己有百害而无一利。举例来说，注重仪表、不说粗话和脏话是我们在教养修炼方面最起码的要求。《北京青年报》曾登载过这样一条消息：一个15岁的少年因环卫工人制止他乱扔垃圾而感到十分生气，不仅满口污言秽语，还对那位环卫工人拳脚相向，引起了路人的极大愤慨。这位少年的举动着实令人痛心不已，我们身边这么夸张的例子虽然不多，动不动就出口成"脏"的青少年却不在少数，乍看起来说脏话是可以忽视的小细节，但长期如此，说脏话就会变成一种习惯，那不但是在自毁形象，还可能会成为人格上的缺陷，影响我们的成长和成才。

很多时候，青少年不是不懂得教养的重要性，而是不明白教养是体现在细节上，不明白教养需要在小事中做到。这里面可能有家庭管教方面的原因，但对于青少年来讲，更应该做的是从内在找原因，加强自身的修养，在小事上养成良好的习惯。很多时候，教养是个人内在涵养的体现，是我们任何时候都应该做到位的，不能因为场合变化就放松对自己的要求，这是很容易被青少年忽视的一点。以前我们班有个女生，在学校和一些公开场合都表现得很淑女，举止优雅，懂礼貌，可在家里或在宿舍就判若两人，她总是对父母或室友毫无顾忌地说一些不堪入耳的话，这种行为是不恰当的。我们应该时时刻刻注意自己的教养，无论在什么地方都要保持言行一致，不管是与陌生人打交道还是与熟人交谈，我们都应该展现出自己的良好教养，时刻提醒自己注意仪表和礼貌用语，多说“请”、“谢谢”、“你好”等文明用语。

另外，我们还要注意一些基本的礼仪，首先是见到人要打招呼，其方式灵活多变，例如可以问好、祝福，可以握手、点头、挥手，甚至可以给好友来个热情的拥抱。打招呼的时候，一定要面带微笑，眼睛看着对方，以表示真诚。当别人向你打招呼时，也要热情地回应。一些自我介绍的礼仪、握手的礼仪、探望病人的礼节等，都是我们需要注意的。

加强基本礼仪的修炼，将教养体现在细微处，是我们在人际交往中增强个人魅力，走向卓越的法宝。

⊙谦恭礼让，学会尊重他人

英国哲学家洛克说：“礼让是儿童与青年应该特别小心养成习惯的第一件大事。”一个有教养的人必定是一个崇尚礼节、谦恭有礼的人。谦恭礼让不仅是良好内在素养的体现，还能改善我们的人际关系，减少很多不必要的摩擦。

学会谦恭礼让，就是说我们在为人处世的时候，要懂得谦让，要守礼仪。谦恭礼让体现一个人的素质和修养，是我们本性中真善美的外在表现，一个与人为善的人，更容易赢得别人的尊敬和赞扬。

李嘉诚是全球50大富豪之一。他并没有因此不可一世，而是十分注重谦恭礼让。有一次，李嘉诚参加汕头大学的奠基典礼，本来，他作为汕头大学的创建人，当之无愧地可以在贵宾签名簿首页写下自己的名字，但他没有这样做，而是将自己的名字签在第3页上。在这次宴会中，他跟每一位宾客敬酒、握手、交谈，让每一位在场的人都觉得很亲切。

李嘉诚谦恭礼让的行为为他赢得了他人的尊敬，显示了教养在增强人格魅力方面无与伦比的作用，也为追求卓越的青少年树立了很好的榜样。

每个人都希望生活在一个和谐的环境中，希望得到别人的尊重和友谊，要实现这样的目标，离开谦恭礼让是绝对不行的。无论是同学、朋友、家人之间，还是陌生人之间，多一分谦恭，就能得到多一点认同，多一些礼让，就能少一些冲突。

对于青少年而言，谦恭礼让就是要摆正自己的位置，时刻保持谦逊有礼的态度，在为人处世方面宽容一些，多为别人着想，多帮助别人，不能为一点小事就斤斤计较。

我曾经听身边的老师抱怨说，班上的一些孩子不懂得自重，更不懂得尊重他人。这其实是很糟糕的一件事，因为尊重他人是有教养的表现，只有先尊重别人，才能获得别人的尊重。有个成功的商人就给我们上了这样一课。

一天，一位小有成就的商人在回家的路上看到一个衣衫褴褛的铅笔推销员，觉得他有些可怜，便不假思索地将10元钱塞到那位推销员手中，然后快步离开了。可是没走多远，他忽然觉得不妥，连忙返回来，说自己忘了一件事——取回自己买的笔。最后，他郑重地说：“您和我一样，都是商人。”

一年以后，在一个商贾云集的重要社交场合，一位西装革履、风度翩翩的推销商走到这位商人跟前，满怀感激之情地说：“您可能早已忘记我了，我虽然也不知道您的名字，但永远记得您。您就是那位重新给了我自尊和自信的人。在我觉得自己像乞丐一样推销铅笔的时候，你唤起了我的自尊和自信。”

一个尊重他人的小举动在你看来也许并没有什么，却能改变他人的一生。而且，你的这些表达尊重的举动，往往能为你赢得更多的朋友，同时也为你的成功添砖加瓦。

尊重他人是良好教养的体现，它的表现方式是多种多样的，比如，和长辈谈话的时候要耐心倾听，被介绍给年长的人时要微笑地看着对方，对别人的帮助及时表示感谢，等等。我们培养尊重意识，需要特别注意以下方面：

一是要做到自尊自重，明确自己的价值，树立积极向上的自我形象。

二是要平等地对待每一个人，不要以外表、地位、声誉等作为评价别人的标准。

三是在人际交往中注意自己的言行，在与人交谈时专注地倾听别人的想法，对别人的正确观点给予积极的肯定，如果不赞同别人的观点，也要礼貌地指出。

保持谦恭礼让的姿态，学会尊重他人，做到这些，我们才能搭建一个和谐的交际平台，建立良好的人际关系。

⊙激活内在涵养，秀出你的气质

在生活中，你是否也有这样的感觉：有些人尽管长得不是非常漂亮，却能给人赏心悦目的感觉，有些人长得相貌堂堂，却让人觉得很不舒服。其实，造成如此区别的一个重要因素就是气质。在人际交往中，气质往往比脸蛋更重要，它是一个人的谈吐、待人接物的方式、态度及内部修养等的总和，显示一个人的综合素质。

玫丽和雁群是某校公认长得最漂亮的两个女生，两人给人的感觉却截然不同，大家一致认为玫丽只是虚有其表，而雁群才是真正意义上的气质美女。究其原因，最根本的就是内在修养。雁群并不因为自己的美貌而自命不凡，而是更加努力地学习，以阅读来提升自己的气质，平时也很注意自己的品格修养，与同学的关系非常融洽。玫丽觉得自己长得漂亮，自视清高，卖弄小聪明，还经常与同学发生矛盾，人缘自然不好，这样一来，本来的美貌也被打了折扣，气质自然就算不上好了。

气质不完全取决于外在形象，更依赖于内在涵养。如果你想拥有好的气质，一定要激活自己内在的德行，好的品质和教养能让一个人的气质更加优雅迷人。不信你留意一下自己的身边：一个乱扔垃圾、随处吐痰的人，气质能高雅到哪里去？你见过一个经常撒谎、满口脏话却有气质的人吗？那些没有责任感、遇到困难就畏畏缩缩的人能表现出什么气质呢？气质一定是从内而外渗透出来的，要想变得气质不凡，就要先修炼你的内在涵养。

内在涵养的修炼绝非一朝一夕的事，而需要长时间的努力与坚持。它的修炼没有什么固定的模式，我在此仅提出一些可供参考的方法。

首先要从心态方面来加强修炼。气质美不受年龄、打扮的限制，与个人的心态有着密切的关系。一个自信乐观的人往往更能显示出内在的良好气质。当一个人真正接纳并喜爱、欣赏自己时，会从内心深处绽放出一种美丽，这在无形中增添了自己的气质魅力。

其次要在性格方面凸显自己的美好气质。这就要求我们修炼自己的性格，做一个正直善良、待人热情、心胸豁达的人。良好的性格能展示个人的风度，表现出个人丰富的内心情感，也能在气质上为自己增添风采。

最后要多看书，多历练自己。如果一个人懂得的东西太少，怎么样都不会变得有气质。我们要修炼和提升自己的气质，需要“读万卷书，行万里路”。“读万卷书”能培养我们的才气和灵气。多阅读，多掌握知识，你会发现自己的学识、自己的内在修养都在不知不觉中得到了提高，这样，我们的气质就更能由内而外地迸发出来。“行万里路”能开阔我们的视野，增长我们的见识。多一些人生阅历，我们的意志、我们的心智会在岁月的历练中渐渐成熟起来，一个富于成熟魅力的人，气质自然也会与众不同。

良好的气质是由内而外散发出来的魅力，只要你在以上几个方面多注意，或许就能上好这门气质修炼课了。

不可不说的偶像效应

林俊杰、周杰伦、张杰、飞轮海、东方神起、至上励合、余秋雨、韩寒、郭敬明、笛安、杨红樱、当年明月、南派三叔……如果这些名字中，你连一两个都不知道的话，那在同龄的青少年圈中，你可能就“Out”了。不可否认，偶像崇拜已成为诸多青少年课余生活的一个重要方面，而我们的精神、言行也可能在这一过程中被潜移默化地改变着。

⊙深藏在心中的偶像情结

偶像崇拜已成为时下青少年群体一个普遍而又引人注目的现象。很多青少年都有为偶像或喜或悲或是激情追逐的经历，有的青少年节衣缩食好几个月就为了买一本偶像的书或是一张音乐会的门票，还有的青少年甚至为了偶像而离家出走，或是为了自己的追星梦变卖家中财物，这种种现象无不说明偶像在当前青少年群体中的影响力。

身为老师，我经常可以看到学生们围在一起进行这样的谈话：

一位女生从兜里拿出一张歌星的照片，旁边的女孩子欣赏地说：“真有才的一个人！”

“你也喜欢周杰伦？”旁边的一位同学问道。

“是呀。他歌唱得好，人长得帅，意志坚强，生病还坚持唱歌，他是天才。”

“我也很喜欢他。”“他也是我的偶像。”旁边站着的多数人纷纷附和。

“谁要说一句周杰伦不好，我就跟谁急。”又一位同学笑着补充道。

在众多的中学校园里，类似这样的场景每天都在上演着，学生们闲暇的时候总喜欢聚在一起纵情谈论自己的偶像。

中国青少年研究中心曾对青少年的偶像崇拜现象进行专题调查，结果显示，偶像崇拜在青少年中是非常普遍的现象。体育明星、新锐作家、时尚选秀、明星学者，由互联网造就的一批网络红人，成为一些同学模仿和追逐的对象。被调查的青少年中，有50%的人承认有过特别喜欢、崇拜某个明星的经历；有34.5%的人承认自己正在崇拜某个明星。其中初中生的比例达49.3%。而崇拜的偶像中，99%以上是影视界和体育界明星。在崇拜的原因方面，多数人选择了有人格魅力、个性和气质好、才华横溢、对社会有重大贡献、漂亮英俊。

有人曾经说，预测一个青少年的未来，有一个非常简单的方法，就是看他最喜欢的人是谁。因为，偶像在青少年的成长过程中发挥着指南针的作用，如果青少年在心中树立正确的偶像，以其作为自己奋发进取的目标，自然就会促进青少年的成长和进步；如果喜欢的是一个在某些方面有缺陷的偶像，青少年就可能因而染上一些原本没有的坏习惯。

我认为青少年的偶像崇拜现象是无可厚非的，谁没有经历过青春岁月呢？年轻的时候谁没有过偶像情结呢？对偶像的追崇和模仿实际上寄托着我们的人生理想，偶像在一定程度上为个人的成长树立了标杆，他们的一些个人魅力、气质和才华、为人处世的方式的确值得我们学习。适当的偶像崇拜能充分显示榜样的力量，激励、帮助青少年健康成长。

⊙偶像崇拜不要盲目

大家有偶像情结，这是可以理解的。然而，因为偶像崇拜而引发的悲剧未免让人感到可惜。

一位16岁的少女自杀，起因只是母亲没有给她买偶像张国荣的CD碟；在太原，某中学的5名男生模仿电视剧《流星花园》中的F4，身着奇装异服结伴出入，在学校内打骂同学、辱骂老师、借钱不还、调戏女生，被师生们称为“春秋五霸”；几位女生因无法忍受偶像逝去的伤痛，也容不得世人对偶像的批评，以如花的生命为偶像殉葬……

这样的消息见诸报端，我在深感沉痛之时，更觉得青少年在选择和崇拜偶像时不能抛弃应有的辨别能力，切忌盲目崇拜。盲目崇拜就等于是把自己的思想掏空，把命运的方向盘交给了别人，这样就很容易被生活中的各种权威和偶像，比如明星、权贵、名流等禁锢住头脑，从而丧失独立思考的能力，对偶像的好的和坏的方面一概照学不误。具体表现就是：

1．喜欢、崇拜某个偶像到了疯狂的程度。

2．拥有某个崇拜对象，搜集相关信息，模仿其行为，以致迷失自我。

3．崇拜的对象往往虚有其表，不具备品质和能力上的榜样性质。

4．无条件地学习和服从偶像，对偶像说的话深信不疑，将偶像的存在作为自己生存的动力。

其实，崇拜偶像，学习和借鉴他们优秀的方面，给自己一些精神动力并没有错，却不能丧失自我，盲目到全盘肯定的地步，从而忽视或放弃了自身的价值。

一只麻雀总想学孔雀的样子。在它看来，孔雀骄傲的步伐，开屏时候的姿态，甚至是休息的模样都那么优雅、那么美丽！“真是我的偶像，我也能这样就好了，那样的话，肯定能得到所有鸟儿们的羡慕和赞美。”麻雀想。于是，它伸长脖子，抬起头，深吸一口气让小胸脯鼓起来，伸开尾巴上的羽毛，也想来个麻雀开屏。麻雀学着孔雀的步法前前后后地踱着步。可这些做法，使麻雀感到十分吃力，脖子和脚都很疼。更糟的是，其他的鸟看到了这一情景，全都嘲笑它。不一会儿，麻雀就觉得受不了了。

“太累了，我本来就是一只麻雀，何必做孔雀的事呢？”麻雀想。但是，当麻雀还想像原来那样走路时，已经不能恢复原样，除了一步一步地跳，再没别的办法。

麻雀没有考虑自己的实际情况，就盲目地崇拜和仿效偶像的行为，结果不但没学成，还把自己本来的步法忘记了。麻雀的教训是值得青少年认真反思的。崇拜偶像无可厚非，但不能盲目，一味地跟随别人的脚步，不仅无法让我们学到真正的本领，还可能丧失自我。

⊙寻找品质上的偶像

喜欢、赞赏、追求崇拜对象是成长过程中的一种正常现象，很多青少年朋友都有自己的偶像，只不过不同的人崇拜的对象和对偶像的崇拜程度不同而已。有些人能很好地处理追星和学习、生活之间的关系，他们更看重偶像的能力、个人魅力等对自己的影响，对偶像富于热情但不滥情，保持着理性的追星方式。这样的人往往能从偶像身上学到很多，取长补短，促进自己的发展。

有几位同学就对我诉说过这样的偶像情怀。他们平时都喜欢阅读一些课外书籍，如青春励志读物、文学名著等，在选读这些书籍的过程中，时常会遇到自己非常喜爱的作家。这些作家的文字或字字珠玑，或内涵丰富，写事论理都契合自己的心意，不知不觉中就让自己着迷了，他们不仅对这些作品爱不释手，还会成为作者的崇拜者。有位同学说他看到韩寒的作品就会产生共鸣，在看法国作家雨果的作品后觉得很有亲切感；偶像的出现，不仅让他们体验到阅读的快感，享受了知识的盛宴，还在品质和教养上有所收获。

每个人喜欢某位偶像的理由都是不尽相同的，在与很多同学的交流中，我领悟出这样的道理：很多时候，我们会觉得偶像很亲切，觉得和他/她之间有种心有灵犀的感觉，而这并非完全由于他/她的学问、艺术和名声，因为很多比这些人学问和艺术造诣更高、名声更大的人物也并没有在我们心底产生这样强烈的感应。其实真正的理由很简单，也许他们的梦想和你自己的梦想极其相似，也许他们遇到的障碍也是你最惧怕和担心出现的，也许是他出类拔萃的才华、他的淳朴和善良深深地打动了你，也许是他们的精神品质契合你心中的要求，而这一切都可以归结为一种人格魅力。再说透一点，就是品格和教养在个人身上的显现所散发出的魅力。

找到一个品质教养良好的人做偶像并适当地模仿，对青少年的健康成长是有好处的。在我的身边就有一些本来有性格缺陷或生理缺陷的青少年，因为偶像的激励而克服了自己的缺点或缺陷，整个人仿佛都脱胎换骨了。有个叫小悦的孩子，有些先天口吃，特别喜欢写文章，可是由于生理上的缺陷，她对自己很没有信心。她的妈妈就给她讲了海伦·凯勒的故事，说海伦·凯勒小的时候生了一场大病，导致双目失明，耳朵也失去了听觉，但她不怕困难，以惊人的毅力学习和生活，终于成为举世闻名的作家。海伦·凯勒的事迹深深地震撼了小悦，也让她对其崇拜不已。与此同时，海伦·凯勒的顽强、坚毅、乐观、勇敢等品质深深地激励着小悦，促使她克服了自身的缺陷，充满信心地发展自己写作的特长。

可见，偶像奋斗和成功的事迹可以激励青少年奋力前行。在偶像崇拜的过程中，我们应选对崇拜的对象，利用对偶像的崇拜进行自我教育，多学习偶像的传记、著作、格言，寻找成功者的足迹，在崇拜的同时，让自己的理想和信念在心灵深处扎根。对于偶像，既要有景仰之心，又要有学习赶超之意，在崇拜中激励自己，勉励自己青出于蓝而胜于蓝。

当然，我们选择崇拜的偶像不应局限于演艺界的明星，有的时候偶像其实就是我们身边普普通通的人。只要那个人身上有值得你学习的优点和品质，就可以成为你的偶像，或称之为学习的榜样。我就认识不少这样的学生，他们崇拜自己的爸爸妈妈、老师、班上学习好的同学或是身边一些品行优良的朋友等。他们以这些近在咫尺的人作为自己学习的榜样，进步得也很快。

我认为青少年都应该有一个或几个品质上的偶像。寻找品质上的偶像，努力学习和效仿他们的言行，让他们成为青少年在品格和教养方面不断完善的动力，这不失为青少年健康成长的一个好方法。

当“成长小绵羊”遭遇“双面人”父母

很多青少年在与父母沟通和交流的过程中可能遇到过这样的问题：父母总是不能很好地信守自己的承诺，他们一方面对我们严格要求，对我们的错误苛刻指责，另一方面自己却时不时地犯着一些在我们看来属于低级的错误。父母在家庭教育中的双重标准总是让人头疼，到底是我们过于温顺还是他们过于圆滑？

⊙以体谅之心面对父母的失信

“如果这次期末考试你能考年级前十名，我就带你到桂林旅游去。”“如果今年你进步了五名，爸爸就给你买你想要的那副羽毛球拍。”“如果这周你每天放学回家都能先做完作业，复习功课，这周末妈妈就带你去娱乐场玩。”家长们这样的承诺或许我们真是耳熟能详了。但是，让我们觉得特别不舒服的就是，有些时候，家长给我们的这些承诺最终总像一张过期的船票，虽然捏在我们手里，却实现不了登船的梦想。

有些父母喜欢口头上许诺一些奖励，用来刺激孩子，希望孩子因此而更有动力，将更多的精力投入学习中，取得更大的进步。诚然，这对一部分青少年来说确实很有些诱惑，并且一般这样的青少年都会将父母许诺的奖励当成短期奋斗的目标，但也有一部分青少年觉得父母的这种做法未必妥当。毕竟，我们已经成长到一定的年龄，有着自己的分析和判断能力，物质上的奖励对我们的诱惑是有限的，也是不完全的，我们更需要其他精神上的力量作支持，比如父母的认同和称赞、父母的理解与关心等，而这些往往被父母忽视了。更让人恼火的是，父母许下的美好承诺未必都能实现。如果只是一两次，我们觉得还情有可原，如果是经常的话，绝大多数青少年就不会把这些话当真了，当父母再许下承诺时，青少年也会习惯性地认为父母在欺骗自己。

一些同学曾经跟我反映，自己已经对父母失去信任了，因为他们对自己的承诺总是像空头支票一样无法兑现。这些同学之所以对父母不满，有部分原因是想得到家长所许诺的奖励，最主要的还是觉得父母撒谎的行为是对自己的不尊重和不关心。有个叫乐乐的学生，就跟我说过她在这方面的困惑。

乐乐是初二的学生，平时学习比较勤奋，成绩也还好，但就是性格大大咧咧，经常会因为一些粗心的错误影响成绩。为了让她改掉粗心大意的毛病，她妈妈许诺，要是她能在期末考试的时候不出现粗心犯的错误，暑假就带她去桂林玩。乐乐在期末复习的时候就特别注意这个问题，在考试的时候也一再提醒自己改正大意的毛病。考试成绩出来了，乐乐果然没有因为粗心大意而被扣分。可放暑假的时候，妈妈腾不出假期，这事到后来也就不了了之了。她也知道妈妈是因为工作上的原因不能兑现自己的承诺，所以也没表现出特别强烈的情绪，但对于妈妈的爽约，她心中还是颇感不快的。毕竟，桂林是自己向往已久的地方，本来自己一直没表现出来，但妈妈的承诺让自己的期待更加强烈了，期望越大失望就越大，所以她现在对妈妈很有意见，也不像从前那么信任她了。

总不能兑现自己诺言的家长应该好好反省一下自己的行为。不过，青少年也应在父母许诺的奖励面前端正自己的态度，要明确自己做出努力、做出成绩不是为了得到父母的物质奖励，更多的是为了获得进步和成长。另外，我们在渴望被父母关爱、理解和尊重的同时，也应该学会关心和理解父母，如果他们违约的确是因为其他更重要的事情，我们就应该做一个懂事的孩子，体谅父母的苦衷，不要一味地埋怨父母不守信用。要知道，父母每天忙于各种各样的事情当中，他们要努力工作、要照顾家庭，还要关心你的生活和学业，等等，所以有时忘记许诺过你的事情也是情有可原。试着用一颗体谅之心面对父母的失信吧，毕竟人无完人，父母也都是平平常常的人，他们也难免会有一些疏漏或是做一些不太合适的事情，当你站在父母的角度和立场上时，也许你就能不知不觉地感受到他们的苦衷了。

⊙父母捉摸不透，不妨自己判断

如果父母经常不能履行自己的承诺会引发信任危机的话，那么，在很多同学眼里，父母的一些教育和处世方式更是让我们捉摸不透的。例如，父母总是教育我们不要说谎，但在我们的成长记忆中，总会有那么一些父母说谎的印记，比如小的时候我们总会被告知，有些食物可以吃，有些却是有毒的；书有些可以读，有些却是有毒的；朋友有些是可以结交的，有些却是有毒的；有些人是美丽的，有些人却是有毒的……这些谎言迷雾随着我们见识的增长而慢慢散开，我们开始明白父母说的话也不全是真理，也可能带有说谎的性质。

当我们在小的时候与父母对话时，父母会承担一切的判断工作，这种明辨是非的标准在我们还分不清善恶美丑的童年时代是对我们有益的，它渗透出的是一种关怀和一份温情。这些我们都可以理解，可当我们的心智成熟到一定程度，就发现他们的一些做法让人很费解。

一位初一的学生就有这样的迷惑。从小到大，父母对他管得就特别严格，一再要求他好好学习，培养高尚的品质和良好的生活习惯，在为人处世上要有绅士风度。他听在耳边，记在心里，一直以来对自己都严格要求。可是随着年龄的增长，他发现一直教导自己要诚实正直的母亲并没有自己想的那么诚实，她就像是一个“双面人”，在为人处世时奉行着双重标准。在他跟妈妈说道理的时候，妈妈说这就是如今的人情世故，还责怪他遇事不会变通。他就觉得很困惑：现在的大人怎么了，他们为什么总有那么多善意的谎言？我们还要不要听他们的话？下次遇到母亲撒谎时，我该怎么办？

其实，这位同学觉得母亲捉摸不透是因为以下两件事：

前不久，他的妈妈在上班的路上骑电动车不小心摔了一跤，脚骨骨折，还打了石膏，躺在医院静养了一个星期，行动十分不便。每次外公外婆打电话来，妈妈却一直隐瞒着，总说自己生活好着呢，什么都顺心如意。外婆说想来家里看看她时，她撒谎说自己最近工作很忙，过几天还要出差，可能没时间陪外婆，让外婆过段时间再来家里玩。每次妈妈打电话他都在旁边听着，心想：妈妈怎么对外婆都不说实话，外婆应该知道妈妈的真实状况呀！

另一件事是班里要准备元旦文艺晚会，老师问班上同学谁有两双黑皮鞋，他举了手，老师让他借一双给参加节目的同学，他欣然答应了。可是当他回家把这事告诉妈妈时，妈妈却把脸一沉，让他跟老师说另一双鞋已经送给他表弟了，还说这样的谎言是没有恶意的，弄得后来同学们都责怪他小气。

这位同学觉得很困惑，不明白为什么妈妈要说这样的谎话，感觉实在有点捉摸不透。其实，在这两件事上妈妈都没说实话，可心态是不同的。妈妈没对外婆说实话，可能是觉得自己已经自立了，没必要让长辈担心，如果说了实话，外婆会担心难过，她的初衷是出于对长辈的爱。这也就是我们常说的“善意的谎言”。

而在借皮鞋这件事上，妈妈可能担心这双鞋会被同学穿坏。这个顾虑虽然情有可原，却因为只考虑了眼前的利益而让自己失去了诚实这一美好的品质。我对这个同学说，以后如果再遇到这种情况，你尽可以大胆地向妈妈提出批评，说明道理：如果借出了这双鞋，哪怕鞋被弄脏、穿坏，我们赢得的是诚信；而如果怕自己的利益受损而说谎，无形中就会给我们的人格留下污点，这会让我们觉得不踏实。最后我对这个同学说，如果你的妈妈听你这么说，我相信她是不会反对你的诚信行为的。

在成长的过程中，青少年朋友们有时会发觉父母的光辉形象在自己的心中渐渐矮小，会发觉原来他们也不是无所不知的，原来他们也会有脆弱和无助的时候，原来他们也会撒撒小谎、做做坏事，也会在背后说他人的坏话，等等。这个时候，我们应该保持一种诚实坦然的心态，跟父母讲道理，批评他们的错误行为，而不能听之任之。同样，辨别哪些谎言是善意的，需要动用我们的分析和判断能力，这也是我们成长过程中必然要经历的考验，我们应该正确面对，学会区分和应对。

自省与历练——品质培养不可省略的环节

自我反省是一种良好的品质，也是成就卓越的方法，历练则是成就卓越的必由之路。反省让人能更清醒地认识自己，更明确地定位自己的人生，而历练则能培养人应对和克服困难的能力，磨炼人的意志，让人变得更加坚强和勇敢。青少年在成长过程中，只有坚持自省和历练，才能找到真正适合自己的发展道路，并不断进取。

⊙借助自省不断进步

某人在一家贸易公司工作，他很不满意自己的工作，有一天愤愤地对朋友说："我的领导一点也不把我放在眼里，改天我要对他拍桌子，然后辞职不干。"

"你对那家贸易公司完全清楚吗？对于他们做国际贸易的窍门完全搞通了吗？"他的朋友反问。

"没有！"

"我建议你好好地把贸易技巧、商业文书和公司组织完全搞通，甚至连怎么修理复印机的小故障都学会，然后辞职不干。"他的朋友建议，"你把公司当做免费学习的地方，什么东西都学懂了之后，再一走了之，不是既出了气，又有许多收获吗？"

那人听从了朋友的建议，从此在工作中努力学习各种技能，甚至下班之后，还留在办公室研究写商业文书的方法。

一年之后，朋友偶然遇到他问："你现在大概都学会了，可以准备拍桌子不干了吧？"

“我发现近半年来，老板对我刮目相看，最近更是委以重任，又升官，又加薪，我已经成为公司的红人了！”

“这是我早就料到的！”他的朋友笑着说，“当初你的老板不重视你，是因为你的能力不足，却又不努力学习。你痛下苦功，进步神速，当然会令他刮目相看的。”

故事中的这个人只是一味抱怨领导不重视他，完全看不见自身存在的问题。其实，这种情况在青少年中也常有发生。当你在指责别人的错误或是责怪别人对你不够重视的时候，有没有先反省一下自己的缺点或不足呢？

我们应该都听说过“木桶原理”，一只木桶能盛多少水并不取决于桶壁上最长的那块木板，而恰恰取决于最短的那块。很多时候，决定我们成败的并不是自己的长处，而是自身的那块短板。虽然我们能否成功要依赖自身的才能水平，但不断反省自我、发现自己的不足进而完善自我也很重要，这就是我们要说的自我反省。

青少年在日常生活中，要养成时常反省的习惯，平时多留意自己的行为，然后进行适当的反思，如为什么我这么勤奋用功，可还是成绩平平？为什么同桌的成绩原来还是中等水平，这个学期却进步得这么神速？有什么方法能更好地提高我的学习成绩？我在性格和为人处世方面有什么缺陷？为什么我的人缘总是不够好呢？

青少年的自省，为的是对自己在学习、生活中犯的一些错误或一些不良情绪进行改正。在对作业和考卷的改正中，我们能学到更多的知识，培养自己耐心细致的习惯；在对错误行为的改正中，我们能在以后防微杜渐，改变自己的行事方式并取得长足的发展；而通过对不良情绪的改正，我们可以更好地调节自己的心态，让自己保持更好的状态。

自我反省能够帮助我们明确目标，不偏离方向，更能拂去我们心头的灰尘，让我们轻松成长。一般来说，自省能力强的人非常了解自己的优劣，因为他时时都在仔细检视自己，而自省能力稍差的人自我认知的水平则相对要低一些。真正能做到自省的人犯错率相对来说要低很多，而且很少在同一件事情上犯相同的错误。这是因为他们在自省的过程中对自我的认识会逐渐明确，也就能轻而易举地找出自己的优点和缺点，从而避免犯错，特别是规避之前犯过的错误。

当然，在做好自省的同时，我们还要有改变的勇气和不断完善自我的行动。青少年要记住，人无完人，每个人都不可避免地会犯错误。犯错不可避免，但少犯或不犯同样的错误则是可以通过自我反省来实现的。自我反省具有一种反弹的力量，可以推动我们不断向上，不断实现跨越，从而实现真正意义上的成长与进步。

⊙历练是成长的摇篮

爱迪生有句名言："天才就是1%的灵感加上99%的汗水。"一个人只有勤奋，只有经受得住苦难的磨炼，才能取得成功。历练是我们成长的摇篮，只有经受住历练，方能成就卓越的人生。

草地上有一只蝶蛹，被一个小孩发现并带回了家。过了几天，蛹上出现了一道小裂缝，里面的蝴蝶挣扎了很长时间，身子似乎被卡住了，一直出不来。天真的孩子看到蛹中的蝴蝶那痛苦挣扎的样子，十分不忍。于是，他拿起剪刀把蛹壳剪开，帮助蝴蝶脱蛹出来。然而，由于这只蝴蝶没有经过破蛹前必须经过的痛苦，以致出壳后翅膀干瘪，根本飞不起来，不久就死了。

青少年的成长道路也不可能总是一帆风顺的，难免会遭遇挫折的洗礼和历练。要知道，除了我们自己，谁也无法帮助我们完成这个在历练中成长的过程，这与谁也无法替我们吃饭或是代替我们上课是一个道理。因此，面对历练，我们唯有以坚强的意志承受下来。其实，历练的过程本身就是成长蜕变的过程。

陈存从小到大生活的环境都很优越，因此他身上有一些铺张浪费的坏毛病，可是自从跟父母去了一趟定西农村，他的想法和习惯就改变了。

暑假的时候，为了体验没有水的感觉，陈存让爸爸带着自己从北京到了甘肃定西的一个远房亲戚家。

到了亲戚家，他发现这个地方缺水现象果然非常严重，亲戚家的哥哥从一口干涸的井中打起一桶水，那还是去年积下的雨水。亲戚告诉他们：日用水紧张，这水得循环着使用，水要先用来洗脸，然后用来洗衣服，最后才用这盆脏水去喂猪。浪费水在这儿是会被乡亲们唾弃的。

陈存心想：这样的水怎么还能用来喂猪呢？我以前连洗脸和洗脚的水都是分开的，甚至还经常因为没关水龙头而浪费不少水。他想着想着，忍不住为自己以前的做法感到脸红。

回家后，陈存改掉了浪费水的坏习惯，平时用零花钱也节省了不少。后来，他跟爸爸说："我现在明白了水的珍贵，还把自己最近省下来的钱都存了起来，过段时间我想买些文具和饮料给定西农村的小朋友寄去。"爸爸听后，安慰地笑了。

陈存从自己的体验中懂得了珍惜，学会了关爱和帮助他人。这就是历练的作用。经过历练，我们才能体会学习和生活的艰辛，从而更加珍惜已经拥有的幸福。

⊙在苦难中百炼成钢

人们都说苦难是一所学校，许多伟人的才干往往是从苦难和挫折中锻炼出来的。对于这点，我们不用怀疑，也无须刻意求证，如果我们能在苦难和挫折的历练中求证成长，我们也能以自己的方式成就卓越。

苦难能磨炼人的意志，激发人的潜能，并让人在磨炼中显出自身的人格魅力。对于青少年来讲，苦难和挫折的出现会使我们克服困难、跨越障碍的力量得以增强。这就好像悬崖峭壁上的青松，经过千百年风雨的摧残，非但没被折断，反而更加挺拔。

有过在运动场上长跑经历的人应该都体会过那种大汗淋漓后的畅快，其实，生活和学习中的一些小挫折就像是我们精神上的运动场，当我们凭借自己的意志和勇气克服了困难，同样能收获那酣畅淋漓的愉悦感觉。只要我们能下定决心，能想方设法解决问题，成长过程中遇到的困难和挫折也就会成为激励我们的力量，它能坚定我们的思想，挖掘我们的潜能，帮助我们成长。

就拿我自己的经历来说吧。我出生在农村，在我很小的时候父亲就一直经商，而且他很喜欢买书学习，时不时地会给我带来一些外面世界的精彩信息。由于时代的因素，那时做生意是不被允许的，所以父亲就被几个公安局的人以“投机倒把”的名义带走了。父亲做生意的钱都是高利贷借来的，父亲被拘后，我们全家都陷入了困难的境地，我从小学到高中毕业几乎每天放学后都能见到催债的人在我家。我那时最强烈的愿望就是赚到足够多的钱，还清债务。我明白知识改变命运的道理，所以我就将自己经历的苦难化为求知的动力，勤奋刻苦地学习，我今天的很多学习习惯应该都是从那时养成的或者说逼出来的。后来到了大学，我把自己的很多精力都放在了课余实践上，我珍惜每一次机会，因为这既能赚钱，也能锻炼我各方面的能力。

我觉得在我的成长中，苦难教会了我很多。虽然我有时也很畏惧它，它让我觉得煎熬和痛苦，但当我回过头来看时，我今天之所以能有这样的成就，还真得感谢它的磨砺。

巴尔扎克说过一句话：“世界上的事情永远不是绝对的，结果完全因人而异。苦难对于天才是一块垫脚石，对于能干的人是一笔财富，对弱者是一个万丈深渊。”苦难对于每个人的意义都是不一样的，只有以良好的心态积极面对，并从中学习和借鉴，青少年才能真正把握这笔财富，在苦难中百炼成钢。

名言修炼堂

1．品格能决定人生，它比天资更重要。

——【英】桑德斯

2．修养之于心地，其重要犹如食物之于身体。

——【古罗马】西塞罗

3．有教养的人的遗产，比那些无知的人的财富更有价值。

——【古希腊】德谟克利特

4．修养的本质如同人的性格，最终还是归结到道德情操这个问题上。

——【美】爱默生

5．品格换来品格。慷慨，尤其是还兼有谦虚，就会使人人赢得好感。

——【德】歌德

6．品格可能在重大的时刻表现出来，但它是在无关紧要的时刻形成的。

——【英】雪莱

7．品格如同树木，名声如同树荫。我们常常考虑的是树荫，却不知树木才是根本。

——【美】林肯

8．没有伟大的品格，就没有伟大的人，甚至也没有伟大的艺术家，伟大的行动者。

——【法】罗曼·罗兰

9．有文化教养的人能在美好的事物中发现美好的含义。这是因为这些美好的事物里蕴藏着希望。

——【英】王尔德

10．在缺乏教养的人身上，勇敢就会成为粗暴，学识就会成为迂腐，机智就会成为逗趣，质朴就会成为粗鲁，温厚就会成为谄媚。

——【英】洛克

打开心灵密码之品格教养篇

从下面的选项中，选出与你的实际情况最符合的一项。

1. 与朋友相约你从来不会耽误，即使自己生病时也不例外吗？

A．我会尽量信守承诺，实在不行，也会在第一时间跟朋友解释。

B．视情况而定，时不时会失约。

C．随便，反正应该都是一些小事。

2. 你怎样看待理想及人生目标？

A．它们都能指引我的人生，需要我积极地行动起来才能实现。

B．理想和目标越远大越好。

C．它们是很缥缈的东西，对我来说没什么用。

3. 如果你能在早上6点起床温习功课，晚间便有更多时间，会令你做事更有效率。你会：

A．尽管很不想，还是会调好闹钟，逼自己起床。

B．坚持几天后，闹钟响了也会赖床。

C．算了吧，睡眠比温习更重要。

4. 朋友想跟你通宵看录像带，但你明早还要上兴趣班，你会：

A．看到晚上9点就回家睡觉。

B．视情绪而定，要是太疲倦就请假。

C．看通宵，然后倒头大睡。

5. 假如你遭到意外的打击，你会：

A．感觉头昏眼花，但是经过调节很快就能恢复。

B．不知所措。

C．一段时间内都处于伤感、悲痛之中。

6. 由于缺乏经验，你做一件事情时失败了，你会怎么想？

A．这没什么，人总要在历练中长大的，总结教训，以后就有经验了。

B．真应该先向那些有经验的长辈请教后再做。

C．哎，以后不做这种没有把握的事情了。

7．有人主动给你提出意见，但你无法完全认同，你会：

A．礼貌地感谢别人，听取那些对自己有用的意见。

B．直接说出自己的想法。

C．什么都不听，仍旧我行我素。

8．当父母跟你说一些你不想听的话时，你会怎么办？

A．尽管心里很不想，还是耐心地听完，之后再跟父母讲道理。

B．一副漫不经心的样子。

C．直接打断父母的话，然后走开。

9．你怎么看待人际交往中的品格和教养？

A．好的品格和教养能增强个人魅力，让自己更具亲和力。

B．视交谈的对象而定，有时候有教养的人会吃亏。

C．一切不过是矫揉造作。

10．当你崇拜的明星传出不良绯闻时，你会：

A．觉得人无完人，我欣赏的只是他的艺术才华，其他的方面我根本不关心。

B．这人怎么龌龊，以后不再崇拜他。

C．觉得这种品行没什么大不了，仍以他的一切为学习的榜样。

评分标准：

选A得3分，选B得2分，选C得1分。

测试结果：

得分在12分以下：你在品格教养方面还有很多需要加强和完善的地方。

得分在12～24分之间：你的品格教养情况一般。

得分在25分以上：你表现出良好的品格教养，这对你的成功来说是非常有利的。

>>> PART 3

成熟心智修炼

在沟通、协商与合作无处不在的当今社会，高情商可以说是成功者不可或缺的一种素质。

本章重点：

培养高情商

情商也就是我们常说的EQ，对于这个词，相信同学们都不会觉得陌生，很多同学在课余时也喜欢做一些这方面的测试。近年来，情商这一非智力因素得到人们的高度重视，情商的高低影响着一个人其他方面能力的发挥，在沟通、协商和合作无处不在的当今社会，高情商可以说是成功者不可或缺的一种素质。科学研究表明：在一个人取得成功的过程中，智商的因素只占20%，80%依赖于其他因素，其中最重要的就是情商。

简单地说，情商就是指我们管理情绪的能力，包括一个人驾驭自己情绪的能力、协调人际关系的能力等。情商在我们青少年的成长过程中同样发挥着重要的作用，培养高情商，让自己的心智变得成熟起来，我们才不至于在成长的道路上迷失，才能更好地把握成功的机会。

青春期明媚的忧伤：逆反和虚荣心

现在的青少年大多是90后的新新人类，受整个时代成长环境的影响，大多追求个性和独特。有人对他们的特质进行了概括，在这些基本特征中，最突出的就是这个年龄段的孩子有主见、性格叛逆，带着一股傲气，有着自己的执著与坚持。

⊙逆反心理，成长的必经之路

小然是一名初二的学生，他无论在什么场合都显得不合群。说话时喜欢抬杠，做事时也执意与别人区别开来。对于老师表扬的同学，他总是满脸不屑一顾的样子；当某位同学获得了“优秀班干”、“三好学生”等荣誉时，他也总是对别人持怀疑和否定的态度，但如果哪位同学被老师批评和指责了，他也会为其鸣不平。

在家里，小然也不服父母的管教，虽然他明白父母的良苦用心，可他觉得自己已经足够成熟，能自己考虑和解决问题，父母的管教是对自己的束缚。所以，当他觉得自己的想法无法得到满足时，就总是跟别人对着干，似乎想以这种方式来显示自己已经长大了。

小然的这种行为表现，在我们的青少年群体中并不鲜见。这种特殊的情感态度，就是青少年想要塑造自己独特个性的一种方式，实际上就是一种逆反心理。逆反心理指的是人们彼此之间为了维护自尊，而对对方的要求采取相反的态度和言行的一种心理状态。逆反心理在青少年群体中非常多见，而且表现形式多样，例如，对学校的教育内容不感兴趣或较少感兴趣，对学校明令禁止的一些行为很热衷；对老师和家长要求做的事情或看的书籍提不起兴趣，却对一些在长辈们看来新奇古怪的事物感兴趣，等等。

人都有逆反心理，但处于青春期的青少年的逆反心理总是特别严重。究其原因，一方面是因为青少年正处于成长中一个重要的过渡期，独立意识和自我意识日益增强，迫切希望摆脱成年人的监护。为了表明自己有能力，青少年往往会采取一种和所有人、事、物对立的态度，以表明自己长大了，是一个“成年人”。另一方面，这一时期的青少年对外界的认可有着强烈的诉求，最担心和害怕的就是他人看不到自己的存在，因此就会采用各种方法来确立“自我”与外界对立的情感。

青少年在成长过程中或多或少都会出现逆反心理，如果程度不严重，那属于正常情况，可以理解，但如果这种心理不断升级，就会给青少年的身心带来危害，比如会导致多疑、冷漠、孤僻的性格，可能还会使青少年对生活失去信心，对周围的亲人和朋友失去信赖，凡事都采取消极的态度。因而，对于青少年来说，学会调节好自己的逆反心理是很重要的。

那么，我们该如何调节呢?

首先，要正确认识自我，努力完善自我。不要凡事都以自己为中心，认为自己在任何时候都是正确的。我们有自己的缺点，也不可避免地会犯一些错误，我们在平时一定要经常提醒自己，学会虚心接受别人的意见和建议，接受老师和父母的教育，努力提高自己的内在修养。

其次，要学会换位思考，从积极的方面理解长辈，主动与他们进行沟通。要知道，长辈们批评和教育我们的出发点都是善意的，都是出于对我们的关心和爱护。如果抱着宽容的心，从积极的方面去理解他们，或许你会从父母的唠叨、老师的严厉中品出爱的滋味，而不再单纯地将其视为责备。另外，我们还要学会主动与长辈们沟通和交流，把自己的内心想法告诉他们，多一些沟通和理解，就会少很多矛盾。

再次，要让自己融入集体中，不断增强自己的心理适应能力。多参加一些集体活动后，你肯定能从中明白肯定和欣赏别人优点的重要性，这样，你就能摈弃一些固执的观念，学会以正确的方式与他人沟通。除此之外，你还可以在广阔的社会中磨炼自己，这样，逆反心理也就不会轻易来袭了。

逆反心理并不异常，而是由于我们在成长过程中独立意识觉醒及价值观与长辈不一致而产生的正常心理现象。我们只要正确认识并加以调节，就能远离它的困扰。

⊙虚荣心带来的灾难

除了逆反心理，青少年群体还普遍存在的一个问题就是虚荣心。尽管你可能不愿意承认自己是一个虚荣的人，但我不得不说的是，每个人的心中都或多或少地会有这样一种心态。你可以扪心自问：我是一个爱炫耀的人吗？我会因为自己的美貌和才华而沾沾自喜吗？我是不是会对那些成绩比我好、人缘比我棒、才艺比我高的人不自觉地产生一种羡慕甚至嫉妒的情绪？我会对自己的一些缺陷和毛病故意掩饰吗？我会为取悦他人而做出一些违心的举动吗？对于这些问题，如果你的回答多半为“是”，那么你应该是属于人群中的多数人。其实，我在这里想要表达的意思是，一点点虚荣并不可怕，有时候它甚至会是一个人进取的动力，但如果积少成多，那就值得我们警醒了，因为过多的虚荣将成为我们人生的隐患。

中学语文课本里有篇课文叫做《项链》，是根据法国作家莫泊桑同名小说改编的。大体内容是说女主人公玛蒂尔德是一位小公务员的妻子，家境贫寒。一次，她接受部长的邀请参加了一个社会名流云集的舞会。由于虚荣心作祟，她向自己的朋友——一个贵妇人借了一条昂贵的钻石项链来装扮自己，然而在舞会结束时，她不慎将项链丢失了。为了赔给朋友一条一模一样的项链，玛蒂尔德不得不欠下高利贷，就此开始了艰辛的生活，葬送了十年的青春。最后，在她还清欠款、偶遇那位贵妇人时，贵妇人却告诉她原来的那条项链不过是仅值数百法郎的仿制品。可见，虚荣心夺走了玛蒂尔德及其丈夫的平静生活和美好青春，导致了他们可悲而荒诞的命运。

在我们的青少年群体中，也不乏像玛蒂尔德这样因虚荣心而引发一系列问题的人。我们常常会听说：某个一直连任班干部的同学因为一次落选而对同学和老师不满，乃至对生活失去信心，从此一蹶不振；某女生只因别人嫌自己胖就盲目减肥，最终导致神经性厌食症；某中学生因为对自己所拥有的物质条件不满意就嫉妒那些家境好的同学，还与社会上的一些青年一起欺负这些同学甚至抢这些同学的钱物；某学生因为对物质享受的过分追求而最终走上了坑蒙拐骗的道路，等等。这些其实都是虚荣心在作祟。

虚荣心往往导致一个人为了赢得别人和社会的关注与尊重而使用不正当的甚至非法的手段，借用一些外在的、表面的或他人的荣光来掩饰或弥补自己内在的、本质的不足。这对于青少年的成长是有害的，我们应该积极克服。

想要克服自己的虚荣心，青少年就需要注意以下几点：

第一，要树立正确的人生观和价值观。古巴杰出的思想家、伟大的民族英雄何塞·马蒂说过："虚荣的人注视着自己的名字，光荣的人注视着祖国的事业。"一个人如果有崇高的追求，就不会将自己的精力贯注于庸俗的事物上。想要摆脱虚荣，就应该树立正确的人生观和价值观，给自己定一个正确的人生目标，并围绕这一目标努力进取。

第二，要有自知之明。我们要对自己的优势及缺点有正确的认识。如果我们能实事求是地评估自己，就能量力而行，谦虚处世，克服自己的虚荣心。

第三，对荣誉要有正确的认识，摈弃那些不必要的"面子意识"。我们都渴望得到尊重、肯定和赞扬，但一定要明确，得到这些的前提是有所作为，而不是弄虚作假，更不是为了让别人羡慕。我们应该调整好自己的心态，不必太在意别人的评价和看法，更不可为了所谓的虚荣而弄虚作假。这样，我们的行为才会焕发出真正的光彩。

青少年在成长过程中一定要学会抵制虚荣的诱惑，克服虚荣心。要知道，执著于虚荣，最终只能得到表面的名誉和虚假的荣耀，唯有脚踏实地地学习，认认真真地完善自己，才能成就自己的卓越。

做好人生中的选择题

就像在考试时经常会遇到选择题一样，我们在人生的旅程中也常常面临各种各样的选择。敢于选择，善于选择，能使我们准确把握人生的方向，排除那些影响和阻挠我们的因素，集中精力前进。这样的人生才是快乐轻松的人生，也更容易成就卓越。

⊙关键时刻，选择很重要

在我们的生活中，选择可谓无处不在。有些选择比较简单，如上学路线和上学方式的选择、食物的选择、去商店买衣服时对款式和颜色的选择、阅读书籍的选择等；而有些选择则会让我们大伤脑筋，比如报考学校的选择、学业方向的选择、生活方式的选择等。

可以说我们每天都面临着各种各样的选择。有些选择选对选错对个人的影响不太大，而有些选择有可能关系到一个人的成长方向和发展路线，其意义就比较深远。人们在进行选择时，就好像站在十字路口的中间，向左还是向右，一念之间结果可能就千差万别。因此，在面临选择的时候，有些人比较坦然，也有些人左顾右盼不知该如何抉择。

如果一个人在面临选择时总是表现出一副犹豫不决的样子，那么他就很有可能因为自己的优柔寡断而与机会擦肩而过。如何应对选择，我认为也是青少年需要修炼的一种能力。我一直强调，对于现在的青少年来说，选择很重要，尤其是关键时刻的选择。而我所说的“选择很重要”，实际上包含着两种指向，一是指选择的行为本身，即是否去选择很重要，二是指由选择而做出的决定，即选择的结果对于人生目标的确定和价值的实现很重要。

哲学家布里丹养了一头小毛驴，他每天都向农民买一堆草料来喂它。这天，送草的农民出于对哲学家的景仰，额外多送了一堆草料放在旁边。这次，毛驴站在两堆大小差不多，且与它的距离完全相等的干草之间，无法做出吃哪一堆的决定。它虽然享有充分的选择自由，却始终无法决定究竟选择哪一堆好。

于是，这头可怜的毛驴就这样站在原地，左瞅瞅，右看看，犹豫不决，最后在无所适从中活活地饿死了。

这就是“布里丹毛驴效应”，它告诉我们，在适当的时候必须果断做出选择，犹豫不决、自己不及时做决定的结果就是作茧自缚，活活饿死。

著名主持人杨澜说过：“决定你是什么的，不是你拥有的能力，而是你的选择。”我身边有很多能力很强但缺乏选择能力的学生，本来有很好的机会摆在他们面前，可他们总是无法自己做出决定，喜欢去问别人，问自己的父母、老师、朋友，犹豫半天后，还是拿不定主意，结果很多好的机会就这样错过了，着实可惜。因为错过一次机会，你就不知道还需要等待多久才能等到它再次来临，甚至可能一辈子都不会再有机会了。

上面所说的是“是否去选择”的问题，再有就是由选择所做出的决定，也就是选择结果的问题。选择的结果对于我们青少年的成长和成才来说也是非常重要的，尤其是关键时刻的那一两个选择，很可能会改变我们的一生。小时候选择中意的学校，青年时选择有发展前途的工作，然后就是选择一个合心意的伴侣，选择自己的生活方式，这几次重大的选择影响我们一生的命运，决定了我们人生的发展轨迹。

从这个角度来说，选择的重要性不亚于我们不断做出的努力，甚至比努力更重要。一个对的选择能让你事半功倍，错位的选择则会使你事倍功半。这就像我们走路去上学，首先必须选择正确的方向才行，如果方向选错了，那么你肯定是无法到达学校的。

要做出正确的选择需要具备一定的能力，而能力的培养需要一定时间的积累，我们青少年应该多思考、多积累、多学习，不断提升自己做选择的能力。

⊙如何做好人生中的选择题

人生在世，我们会面临各种各样的选择，选择不同，人生的轨迹也会迥然不同。有人选择创造辉煌，于是孜孜不倦，拼搏进取；有人选择默默无闻，于是在平淡中度过一生；有人甘于奉献，于是倾尽心力，为他人谋福利；有人沉迷于自我，于是自私自利，不惜损害他人的利益。

人生很难回头，有些选择一旦做出，就很难变更。我们有自由选择的权利，但更要学会用好这种权利，因为能否进行正确的选择，直接关系着我们的前途和未来。想获得卓越成就的青少年，一定要修炼好自己这方面的能力。在此，我就“如何做好选择”这一问题，谈谈自己的看法。

第一，要确定目标和方向，明确自己的定位。

我们在做选择前一定要明确自己的目标和定位，这二者是我们做出正确选择的前提，缺少它们，我们就会像无头苍蝇一样，到处乱转。如果总是不加思考就随意做出选择，那么我们不仅会与成功的机会擦肩而过，可能还要承受错误选择带来的后果。

在生活中，我们经常会遇到事情难以两全的情况，我们选择了一些东西，就必然会错过另一些东西，在得失之间如何取舍，主要看个人的目标和定位。先静下心来想一想：自己要实现的目标是什么？我真正喜欢的是什么？擅长的是什么？这么做是否与我的目标一致？只有先把这些问题想清楚了，我们才能做好选择。

第二，要镇静，学会冷静分析，认真思考。

在面对人生选择的时候，每个人都希望做出正确的选择，这种愿望是好的，但未必人人都能如愿，其中一个重要原因就是被浮躁的情绪影响了。我们中的一些人总是心浮气躁，缺乏持久的耐心，做什么选择都凭着自己一时的兴趣，往往是想干这个，又想干那个，结果是犹豫不决，什么事情都干不好；还有一些人遇到事情时总是焦虑和惊慌，结果心里越来越乱，总也理不清头绪，所以难以做出正确的选择。

想要做出正确的选择，离不开冷静的分析和思考。在想问题时保持镇静，我们的思路才会清晰，我们的感觉才会敏锐，这样，我们才能理清事情的头绪，集中注意力去分析和解决问题。尤其在面临一些难以抉择的事情时，我们更应该保持镇静，绝不能慌乱行事。

遭遇危机时更是考验一个人选择能力的关键时刻，在这种情况下，慌乱是于事无补的，只有保持镇静，沉着地思考应对的方法，我们才有可能做出正确的选择，扭转不利的局势。

第三，拿出勇气，果断地做出选择，勇敢地面对选择的结果。

很多人总是抱怨自己缺乏成功的机遇，其实并非如此。真正的原因在于，机遇总是与风险共生，机遇能通往成功，但也意味着要冒一定的风险。我们总是不断地观察时机、寻找机遇，可当机遇来临时，很多人却因为畏惧风险而瞻前顾后、优柔寡断，让原本属于自己的机会从身边溜走。勇敢而果断地做出选择，是我们抓住机遇的关键。

我们不仅要在做选择时拿出勇气，在选择之后也要勇敢地面对选择的结果，勇于承担。在培训中，我也时常遇到一些有选择困难的同学，他们不仅在选择时异常艰难，而且在做出选择决定后，总是怀疑自己没选对，常常被后悔、焦虑的情绪包围。这是因为他们害怕承担选择的后果。要知道，害怕承担风险的人是很难做出正确选择的，过多考虑事情的坏结果只会束缚住我们的手脚，影响我们的分析和判断。只有拿出勇气，大胆选择，我们才可能抓住成功的机遇。

第四，切忌贪婪。

选择要立足于自身实际情况和实际需要，而不是一味地贪多求全，这是我们在选择时需要特别注意的问题。因为选得多未必能选得好，只有理性地选择才能真正对我们有所帮助。

一些人在选择时总想事事顺心而不愿意放弃，结果总是无法抓住自己真正需要的东西。他们失败的原因就是贪心不足，不能很好地控制自己的欲望。贪婪是选择的大忌，什么都想得到的人，最终往往什么也得不到。虽然我们应该选择并追求自己喜欢的东西，但更需要掌握追求的度，追求却不攀比，选我所爱却不贪婪。只有戒除贪婪之心，我们的思维活动才能正常进行，我们才能做出正确的选择。

人生在世，面临的选择不计其数，怎样做好这些选择题，如何提升自己的人生高度，一切的掌握权都在我们自己手中。选好正确的道路，增强自己的能力，一步步实现人生的价值，这是一个卓越者的必经之路。

⊙放弃也是一种智慧

前不久有位父亲带着孩子来上我的培训课，在课间交流的时候家长跟我说，他的孩子学习成绩一向很好，可是在上次学校举行的珠算比赛中表现得很不好。他说孩子所在班级学生的最好成绩是5分钟70道题，可自己的孩子在规定的时间内只做了48道题，还问我是不是孩子变笨了。后来我就问这个孩子是怎样做题的。他跟我说："我就是按照先后顺序一题一题地做，中间有些题因为有些难度所以花了很多时间去思考，结果到最后就发现时间不够了，所以后面的那些题都没来得及做，其实题目还是很简单的，很多我都会啊。""我们班最差的成绩是5分钟10道题，我也还算中上水平，可我就是不明白为什么一向在班里成绩不怎么好的阿来竟然得了第一。"

我一听这回答就明白了，这孩子很聪明也很有自信，平时的学习成绩像他爸爸说的那样，应该是很不错的，但他不是一个善于取舍的孩子，他在珠算比赛中表现不佳就是因为他没有适当放弃。比赛时，他觉得自己平时有一定的基础，心里就有一种求稳的心态，希望牢牢抓住每道题，即使是遇到稍难一些的题目，也会竭力思考，这样，时间自然是不够的。而那位平时不怎么起眼的阿来，则掌握了一定的速算技巧，遇到不能快速得出答案的题目时，他就果断地跳过，这样，虽然他放弃了一些题，却完成了大部分题目。这就是速算比赛中的技巧——放弃的智慧。

从小到大，我们受到的教育大都是让我们如何争取、如何坚持，没有什么教科书也没有什么人在教育我们的时候说要学会放弃。但我觉得青少年的努力和坚持都应该有一个具体的方向，在有些事情上放弃也未尝不可，因为放弃也是一种智慧。就像我们在学习中时常会遇到的口算比赛、奥数竞赛、英语竞赛、语文竞赛等，这样的竞赛一般题目都会偏多，以我们的正常水平和速度，在规定的时间内是难以全部完成的，这时候我们就要考虑效率，要抓紧时间，尽自己的能力把会做的或经过短时间思考就能得出答案的题目做好，其他一些有难度的题则大可放弃。

很多人不愿意放弃自己所拥有的东西，总是想方设法地想将它们统统抓在手里，可它们就像是手中的沙子，越想抓紧，就越会从指缝中溜走。而且，有时候你想抓住的东西越多，失去的可能越多，甚至导致悲惨的结局。

一只饥饿的狐狸到处寻找食物，忽然它发现前方有一个葡萄园，里面的葡萄已经熟了，非常诱人。葡萄园围墙很高，狐狸转了半天，终于它发现有面墙在角落处有一个小洞，刚好能通过它的身体，于是狐狸就进去，开始尽情地享受那又大又甜的葡萄。

当狐狸享受够这些香甜的葡萄后，准备从原洞口离开，这时它才发现因为吃得太饱，自己鼓胀的身体已经通不过洞口了。狐狸急得团团转，后悔自己不该贪吃，应该早点放弃葡萄选择逃走，可一切都太晚了，最后狐狸被葡萄园主人发现了……

狐狸的最大悲哀并不在于经受不住葡萄的诱惑，而在于没有在适当的时机果断放弃。如果狐狸能够早一点果断放弃，或许就能逃生了。

放弃是一种智慧，这种智慧在我们的生活中也是普遍适用的。我们都知道，当我们身处十字路口时，必须要放弃一条路才能继续向前，因为一双脚不可能同时踏上两条路。在我们的生活中，有些选择是非此即彼的，比如择校问题、同一个时间是学习还是游戏、两个兴趣班课程时间相冲突等，这时我们就应该根据自己的需要，抓住主要需求，放弃那些次要的需求。只有这样，我们才能专注地把自己真正想做的事情做好。

诗人泰戈尔说："当鸟翼系上黄金时，就飞不远了。"人的时间和精力有限，一个人不能顾及所有的方面，我们必须学会取舍，适当放弃。我觉得现在的孩子很是辛苦，很多时候不仅要为自己的前途努力，还要为家长的梦想拼搏。比如，在报兴趣班这件事上，不少孩子都听从父母的意见，报了很多兴趣班，可是时间和金钱都花费了，却什么都没学到，还把自己弄得疲惫不堪。在这件事上，我们本来可以找到更好的处理方式，比如说服父母，放弃一些自己根本没有兴趣的项目，专心学好自己感兴趣的项目。

学会适时放弃，能让我们拥有更多的时间和精力去做自己喜欢的事情。而在遇到痛苦的事情时学会放弃，则能让我们卸下精神上的包袱，轻装上阵。

现在的一些同学动不动就抑郁，动不动就神经衰弱，这归根结底是思想上的包袱造成的。我们知道即使是沙漠里的骆驼，能负担的重量也是有限的，何况是人的思想呢？只有卸下心头的包袱，我们才能坦然而轻松地前行。放弃了忧愁，你将与快乐结伴；放弃了苦恼，你将与幸福同行。

在集体的熔炉中修炼情商

人怎样才能获得更多的快乐？怎样才能更大限度地实现自我价值？怎样才能成长得更快些？答案有很多，但最重要的就是把自己融入集体中。集体是我们成长和表现的平台，在这里，我们能感受到团队的力量，能感受到温情，也能锻炼自己的心智。将自己和谐地融入到集体中，需要动用你的智慧。只有学会分享，学会妥善地处理各种利益冲突，激发和保持你的办事热情，你才算领悟了在集体中生存的法则。

⊙成长需要分享

“崔老师，谢谢您的指导，我现在的学习成绩进步很快，可是我觉得我还是快乐不起来，在班上没有什么朋友，同学们好像总是有意疏远我……”

一个孩子在课程培训后找到我，对我诉说了这样的烦恼。我就有些诧异，这孩子一直很乖，现在是在寄宿制的学校念书，在生活方面基本上没让父母操过心，以前只是在学习方法上有些问题，所以成绩总是徘徊在中等水平，如今有了进步，怎么又突然感慨自己没有朋友了呢？

后来，他跟我详细地说了他的具体情况，他说自己以前在学校，不管是上课还是课余时间都一直埋头苦学，基本不怎么跟同学交往，可现在采用了科学的学习方法后，觉得学有余力了，却渐渐感觉到自己真的没什么朋友，有时候很热情地想跟同学们一起探讨问题，可同学们好像都有点排斥他，具体原因他自己也不是很清楚。

当我让他想想可能的原因，回忆一下生活细节的时候，他跟我说了这样的情况：

“我从来都不会带同学去我家玩，因为怕给家人添麻烦。”“我一般不会把自己的东西借给别人，他们自己怎么不去买，万一弄坏我的怎么办？我有些东西是很珍贵的，别的同学都没有，比如上个月爸爸给我买的笔记本电脑。”“其实有些时候同桌问我的一些数学题我是会的，可我不想给他讲解，因为他一直以来成绩都跟我差不多，要是他进步了，我就显得落后了”……

听完这些，我终于明白他为什么没有朋友了。在他看来，与别人分享对自己来说是一种损失，这样的孩子，谁愿意跟他交往呢？

我就对他说：“你尝试着跟别人分享，主动把自己的东西借给有需要的人，多帮同学解答一些难题，看看这样你的生活会有什么变化。”

刚开始听我说这些的时候，他还辩解说：“我们班的人其实都挺自私的，上次我问同桌借课堂笔记，他明明记好了，却说自己也没记；有次我问同学借书也是这样，我看到他在书店买了，而且确定他当时还放在书包里，他却说已经把书送人了；还有临近考试的时候，我们班那几个说自己没怎么复习，肯定考不好的人，最后往往都考得很好，就是不想指导别人复习呗……”

看来，现在很多孩子是越来越不愿意分享了，这着实是一件让人担忧的事情。

我也明白其中的原因，现在竞争压力确实很大，谁也不愿意透露自己的真实水平，为了保持自己的优势，很多时候不得不自私一点。可是，如果人人都这么想，我们的社会将变得多么冷漠啊！当你遇到困难的时候，谁愿意对你伸出援手？只有懂得往别人碗里夹菜的人，才能吃饱饭。懂得分享的人，才有人愿意跟他交往，在他困难的时候帮助他。这样的人也许本身不优秀，但会有很多优秀的朋友帮他实现自我提升，相反，一个自私自利的人只会招人厌恶，不会有人愿意帮助他。要知道，封闭的自我是难以成就大事的，只有与人分享，我们才能有效地借助别人的优势来弥补自身的缺陷，增强自身的力量，以迎接各种挑战。

很多青少年不愿与人分享，是考虑到竞争的原因。但实际上，分享与竞争并不冲突，比如当年微软和苹果竞争时，微软公司允许各大电脑厂商使用自己的操作系统，兼容性好，因而得以借助电脑的普及和发展使自己迅速发展为软件业巨头。而苹果则恰恰相反，由于它的兼容性很差，因此一度使自己陷入非常窘迫的境地。由此可以看出，一定程度的分享有利于人们在激烈的社会竞争中占据一席之地，分享意味着资源的共享，是一个互通有无的过程，而在这个过程中得到的某些东西有时恰恰可以帮助你赢得最后的胜利。

学会分享是在集体中生存和成长的必备素质，也是情商修炼的重要内容之一。因此，青少年一定要摒弃极度自私的想法，学会与他人分享，在别人有需要而自己又能做到的时候，尽量帮助别人。要知道，分享快乐，快乐就加倍；分担痛苦，痛苦就减轻。

⊙当集体利益碰上个人利益

前天，上初三的小眉跟我说："崔老师，我实在不想再担任班干部了，实在是影响学习。上次我把自己的想法告诉了老师，可老师不答应，还说同学们都信任我。这我也知道，可我们马上就快中考了啊，我想考好的高中……你能帮我想个办法吗？"

显然，这是一个觉得个人利益与集体利益难以兼顾的孩子。现在的中学生大都很有个性，自我意识很强，遇到事情总是自觉不自觉地以自我为中心，以个人主义为半径计算自己的利益，难免缺乏大局意识。

对于集体利益和个人利益，我们需要明确一些问题，一是集体利益与个人利益并不是非此即彼的关系，不见得所有的集体利益都会与个人利益发生冲突，而且有些时候，在维护好集体利益的同时，个人利益也就得到了保证；二是即使集体利益与个人利益发生冲突，我们也能找出相应的方法来缓和矛盾，在权衡中将损失降到最低。

像小眉这样的情况，其实并非个人利益与集体利益本质冲突。我们都说自己现在所处的是一个竞争异常激烈的社会，这个社会并不以分数作为人才的唯一评价标准，还有其他许多方面的能力，如情绪控制能力、社会交往能力等。当班干部虽然在为同学服务、帮助老师管理班级等事务上要花费一些时间和精力，但还是利大于弊的。它锻炼了青少年与人沟通的能力、管理的能力和其他方面的能力，给青少年一个能施展自己才华的舞台。至于时间上的冲突，我们尽可以通过科学规划、合理安排来解决，这一点并不难。的确，中学生的主要任务是学习，但人生并不仅仅拘泥于此，只有全面提升个人能力，青少年才能更好地适应社会。

还有一种情况，就是集体利益真的与个人利益发生矛盾，这时，我们该怎么办呢？我前不久听说过这样一件事：在乘坐公共汽车的时候，司机因为着急换班，在路过一个小站时就“溜站”了，车子前行了大概200米，有个老太太惊觉自己正好要在这站下车，就强烈要求司机往回倒车，还与司机发生了激烈争执，在混乱中，老太太竟被一名乘客推下了车。在这个事件中，司机、那位乘客实际上都是只考虑了个人利益却忽视了别人的利益，司机急着换班，乘客急着回家，结果才会出现那样的局面。如果每个人都能为别人着想一下，事情其实是很好解决的。

在生活中，我们也常常会遇到集体利益与个人利益发生矛盾的时候，此时我们就得学会顾全大局，妥善地解决矛盾。

我们考虑问题的出发点应该是，尽量将自我价值与集体价值结合起来。一方面，集体是个人的集合，没有个人利益的实现，集体利益就失去了意义；另一方面，个人价值的实现离不开集体的发展，所以我们在考虑问题的时候，要尽量将二者统一起来，懂得顾全大局。

以此为基础，我们在遇到二者发生矛盾的时候，要先进行自我思索和反省，想想自己的利益需要是否正当合法，如果是违背社会价值观的，就要放弃个人的自私想法，服从集体利益。而且，在个人利益中，还有眼前利益和长远利益之分。青少年在考虑个人利益时眼光应该放得长远一些，切不可只看到短期的利益而忽视了长远的发展。

在集体的熔炉中修炼自己，在利益面前保持审慎而冷静的态度，这是个人情商培养的重要内容。面对个人利益和集体利益的矛盾，我们要保持冷静的态度和一颗平常心，尽力去争取，但应顺其自然，不要强求。

⊙找回你的办事热情

有些孩子在参加我的培训前总对我说，自己做什么事情都提不起兴趣，对班级集体活动如此，对父母给自己安排的兴趣班如此，对看一些课外书也是如此，甚至觉得学习也是件索然无味的事情。

我于是就问，那你们对什么事情感兴趣呢？有人还能说出一些，如上网、玩游戏、看明星演唱会等，有人干脆就说：“我觉得自己好像已经老了，做什么事情都没有热情。”

我不禁感慨，在成长的道路上缺乏兴趣和热情，难怪他们会觉得生活没有乐趣，学习没有动力。我一直相信，只要拥有一颗热忱的心，你就会发现，原来身边的一切都如此美好。一个人如果缺少热情，即使再有能力，也不会成为卓越的人。待人待事热忱，富于激情是成功的重要条件，但凡做出卓越成绩的成功人士，哪个不是充满着热情？

我国东晋时期著名的书法家王羲之自幼喜爱书法，7岁就开始练习书法，几十年如一日，他不仅平时勤学苦练，甚至走在路上、坐在椅子上时，还揣摩着名家的书法，手指不停地在衣襟上画着字；音乐家莫扎特在童年时，每天都要做大量的工作，但是每天晚上仍然坚持去教区聆听风琴演奏，乐此不疲……可见，热情是我们学习的动力，是帮助我们坚定意志、战胜困难的力量，也是我们保持青春和展现青春活力的秘诀。青少年如果不具备一颗热情的心，就无法从学习和生活中寻找到乐趣，永远只是为了学习而学习，为了生活而生活，那我们的生活将如一潭死水，我们周围的一切都会成为束缚我们的力量，这样，我们注定会苦闷一生，就更别谈成就卓越了。

很多人问我怎样才能够活得更快乐一些，我现在就告诉大家，快乐生活的秘密很简单，就是保持年轻的心态，保持热忱的心。如果你在学习中融入热情，那么，你会发现学习不再是一件枯燥乏味的事，因为它会使你充满活力，让你学起来事半功倍且不会疲倦；如果在遇到困难的时候你还能保持一颗热忱的心，你的意志力会帮助你发掘事情发展的积极面，你的潜能也能得到很好的激发。

我们都知道，只有自己感兴趣的事情，我们才会去坚持，才能迸发出能量。所以，激发热情的最好方式就是找到兴趣点，然后还可以在头脑中为自己编织一个美丽而可及的梦，再用行动去实现它。这样，你就会发现自己充满了热情。

发自内心的热情能使我们干劲十足地工作和生活。在找回热情后，我们还要学会长时间保持，每天对自己微笑，对自己进行积极的自我肯定，并将自己的发展融入团队和集体中。

逆境中更需高情商

很多人都喜欢安乐祥和的日子，而不愿意去面对充满磨难的逆境，但其实逆境是锻炼一个人的最佳时机。想要成功的人不应一味地逃避逆境，而应该勇敢地面对逆境，并在逆境中始终保持自己的乐观之心，以执著的行动成就自己的梦想。

逆境是检验人的心智的重要标尺，一个人在身处逆境时的表现往往能反映他心智的成熟程度。

⊙以乐观之心面对人生

我们都希望自己的生活幸福快乐，但很多时候并不能如愿，成长的艰辛终归需要我们自己去体会，人生在世，逆境无法避免。对青少年而言，这样的阴霾也会时不时地袭来，如学习上的挫折、理想与现实之间的差距、无端受人指责、在与人交往中受挫、家庭环境的变迁等。面对这些不如意的事情，有些人能妥善处理好，经过一段时间的努力就能走出阴霾，但有些人在困难面前倒下，从此一蹶不振。很多时候，我们对待事情的态度决定了我们的人生。

在一次培训课上，为了深入了解班上同学的学习态度，我布置了一些练习题，并走到那些正在做习题的学生中间问同样的问题："你在干什么？"第一个学生回答："我在做你布置的作业。"第二个学生回答："我在很用心地做习题。"第三个学生回答说："我在认真地学习呢！"听完这三个回答，我不禁莞尔。这三种回答实际上都是有潜台词的，对第一个学生而言，他完成作业时的心态是不情愿甚至是痛苦的，他把作业当成了一种任务和负担；第二个学生虽然强调了自己是在用心地做，却透露出无奈的情绪，他现在费心地学习可能更多的是为了考个好分数；而在第三个学生那儿，我才能真正感受到他在做习题时也能体会到快乐，这折射出他为自己而学的态度和积极的心态。

同样的事情，三种不同的心态，短期内可能看不出什么大的差别，但我确信终究会显现出来，这样的三种学习态度将决定他们的前途。

心理学家认为，决定一个人成功的因素不仅仅是他的能力，更重要的是他的心态，看他是否能够始终乐观地看待自己周围的事物，看他在身处逆境时是否依然能够积极乐观地寻找走出逆境的方法。同样，一个人能否真正走出逆境，收获幸福生活，不是看他所面对的是什么问题，而要看他的心态和处事方法。如果以乐观之心豁达面对，那所有的逆境在他面前都算不上什么了。在这方面，和田一夫即使是身处逆境时也能坚持“光明日记”和“快乐例会”的事或许能给我们广大青少年些许启示吧。

他曾经是日本最大零售集团八佰伴的总裁。在72岁时，他突然遭受了人生的重大打击——他苦心经营的集团倒闭了，一夜之间，他从一个国际知名企业家变成了一文不名的穷光蛋。有人认为他从此将一蹶不振，潦倒余生。

可是出人意料的是，他并没有像人们想象的那样，而是快速调整了心态，和几个年轻人一起挑战过去从未接触过的新领域，并合伙办起了一家网络咨询公司。

后来有人问和田一夫为什么能这么快就调整好心态，他说靠的是两大秘诀：一个是光明日记，一个是快乐例会。

原来，和田一夫从20岁开始，就坚持每天写一篇日记，与众不同的是，他只挑快乐的事情记，他把这种日记叫做“光明日记”。此外，和田一夫在办企业直到后来重开公司期间，每个月都要召集一次例会，他要求所有与会者在谈工作之前，必须用3分钟时间向大家讲述自己本月内最快乐的事情，他把这种例会叫做“快乐例会”。

任何时候都保持一颗积极乐观的心，身处逆境时仍能在黑暗中努力寻找光明，正是这种心态，使和田一夫没有被困难打倒。他的成功故事说明了乐观心态的重要性。同样，如果你始终乐观地面对人生，人生也会对你报以微笑。

有些同学在遇到困难时总喜欢寻求外界的帮助，这没什么，但要注意的是，我们在逆境面前更需要一种内在力量的支撑，那就是乐观的心。要记住，虽然眼前有困难，虽然事情不如意，但那都是暂时的，在积极乐观的心态中，我们一定能克服困难，走出逆境。

“雪融化后会变成什么？”我们一定都记得这个问题的答案，尽管说变成水并没有错，但另一种回答更让我们震撼——雪融化后会变成春天！只要我们还拥有等待春天的积极和乐观，就一定能迎来美好的明天。

⊙坚持与执著能创造奇迹

在班级里常常会出现这样的情况：有一些同学天资聪明，领悟能力也很强，老师要求背诵的课文基本是读几遍就能记熟并背诵出来，而有的同学却需要花费数十倍的时间和努力，常常要二三十遍才能记下来。可是到后来，那些天资聪颖的学生的成绩反倒不如这些不怎么聪明的学生，这是为什么呢？这中间的差别可能就是勤奋与坚持了。那些资质一般的学生之所以能在最后脱颖而出，就是因为坚持追求自己的目标，踏踏实实地努力。

你拥有坚持和执著的心吗？如果你对这一点还不是很确定，可以跟我一起进行一个小小的测试：把你的胳膊尽量往前甩，然后再尽量往后甩，每天甩100次。这样，你能做到吗？我相信很多人看了测试内容后都会暗笑：这是什么测试，肯定能做到啦！

是的，这件事在我们眼里是很简单很容易的，但如果我要求大家每天都重复这个动作，你觉得自己能持续多久呢？1周？1个月？1年？5年？我觉得很多同学未必能坚持很久，我这么说是有一定根据的。古希腊哲学家苏格拉底就曾经做过类似的测试，最终的结果是这样的：有90%的学生在一个月后还能坚持每天重复这一动作；又过了一个月，只有70%的学生坚持做了；一年后，除了一个人，全班同学几乎都将这个甩手运动忘到了九霄云外，而这唯一坚持的人就是古希腊另一位著名的哲学家柏拉图。

也许这时候有些同学就想站出来反对了，大家可能会说，我们的坚持是拿来办大事的，不是用在这种小游戏上的。那我很关心你所说的大事究竟是什么，对于学生而言，我想大事无外乎好好学习和好好生活。那在学习上，你坚持了吗？在养成好的品格和教养方面，你始终如一吗？你是否一直坚持培养好习惯呢？你一定要记住，在成就卓越的人生之路上，坚持无小事。

要是你还对我的观点有所怀疑，你可以试着寻找一下榜样的力量，看看这些名人每天都在做什么：

孙中山每天都会坚持读书，他有句名言就是："我一天不读书，便不能够生活。"

著名气象学家竺可桢每天都观察天气，而且坚持记录气象日记。

著名科学家钱学森，每天都起得很早，坚持听中央人民广播电台早上6点的《科学知识讲座》。

俄国著名作家车尔尼雪夫斯基每天坚持写作，即使身处牢狱也是如此。

对于成功者来说，他们每天坚持的事情都可以说是小事，但也不尽然。如果没有这一天天的坚持，他们怎会取得后来的丰硕成果？

其实成功贵在坚持的道理很多人都明白，但真正能做到的人很少。世界上最容易做的事情是坚持，因为只要我们大家愿意，我们人人都能做到；世界上最难办到的事情也是坚持，因为没有坚定的意志就很难坚持到最后，而很多人缺少的往往就是坚定的意志。

坚持是成功的秘诀，这是很多成功人士都已经验证的道理。音乐家贝多芬早就说过："涓滴之水终可磨损大石，不是由于它力量强大，而是由于昼夜不舍地滴坠。"我们都知道滴水穿石的故事，坚定一个目标并持之以恒，再小的个体也能释放出巨大的能量。那么，我们青少年应该怎么做呢？

首先，我们的坚持和执著必须有一个强大的意志支持。只有先坚定意志，才能将坚持的目标付诸行动。青少年不可能总是遇到大风大浪，学习和生活相对来说都比较简单，因而，我们的坚强意志就可以从身边的小事中逐步培养。比如，我们可以用每天坚持写日记或每天坚持跑步的方式来锻炼自己的意志。另外，你也可以坚持每天背诵一段课文，每天记几个单词，每天对自己说几句赞美的话……要想成就卓越，千万别忽视这些看似简单的小事。

其次，要明确自己想坚持的究竟是什么，并确立正确的价值观。我们的同学中不乏随波逐流的人，比如，有些人是看着别人报什么兴趣班自己就跟着去报，而且最终也坚持了下来，学了好几年，但到最后发现这根本就不是自己的兴趣所在，这其实很值得我们反省。要坚持，就要先弄清楚自己在坚持什么。换句话说，要做到对自己坚持的内容心中有数，而不是随波逐流、人云亦云地做无谓的坚持。

最后，还要明确我们所说的坚持并不是故步自封，原地踏步，而是在总结以前经验教训的基础上探索更好的方法，走更好的成功之路。这就是说，我们在坚持的过程中，还要记得时刻反省自己、提升自己，要坚持正确的方法和道路，而不是将错误坚持到底，一错再错。

学会珍惜与感恩

学会珍惜与感恩是心智上渐趋成熟的重要表现，缺乏珍惜之心、感恩之心，我们就很难感受到现有的幸福和快乐，很可能会在无意识中丢失许多原本属于自己的东西。

回味过去固然美好，但活在当下和珍惜现在则更为可贵。只有懂得珍惜和感恩，我们才能真切地感受到欢乐，才会惊喜地发现自己在不断成长。

⊙学会珍惜，让生活更美好

朱自清在他的散文名篇《匆匆》中这样写道：“洗手的时候，日子从水盆里过去；吃饭的时候，日子从饭碗里过去；默默时，便从凝然的双眼前过去。我觉察他去的匆匆了，伸出手遮挽时，他又从遮挽着的手边过去……”他在文章中道出对时间流逝的恐慌，说明了要珍惜时间的道理。

不仅是时间，我们每个人在一生中会有很多需要珍惜的东西，比如粮食、生命、亲情、友情，虽然我们总被教育说要学会珍惜，但依然有人把它当做耳边风。青少年时期是人一生中生命力最旺盛的时期，也是最意气风发的时期，处于这一时期的人精力旺盛充沛、会觉得自己还有大把大把的时间，我在年轻的时候也有这种感觉，因而并不懂得珍惜身边的事物。但是等到人近中年回头再看，有时就会有些小小的遗憾，觉得很多当年的人和事我没有好好珍惜，结果过去后就再也找不回来了。所以我觉得提醒现在的青少年学会珍惜是很有必要的，一是因为学会珍惜是一种积极的人生态度，是一种情商的培养；二是避免自己在十几年或者几十年后平添许多遗憾。具体来说，应从以下几个方面落到实处：

1．学会珍惜时间

我们常说："时间就是金钱。"这实际上还低估了时间的价值，因为一个人即使再富有，也买不来别人的时间。而我们的时间也总是在不经意间就悄悄溜走了，如果不抓住它，不利用好时间做一些有意义的事情，我们的一生就会在浑浑噩噩中度过。

其实，珍惜时间不止是说要抓住每一分每一秒的时间，更包括合理安排和利用好时间。有一次，一个初三的学生跟我交流时说道："崔老师，我们现在的作业负担太重了，我觉得自己实在没有时间复习和预习，更别说进行其他方面的学习。"我就反问他："真的是这样吗？你们每天放学后要布置多少作业？"可听了他最后说出来的数量，我认为那对于现在的中学生来说也还算是适当的，那他怎么一个晚上都在做作业呢？后来我才得知，他并非一个晚上都在做作业，而是边做作业边看电视，有时还边上网。说到这里，我就不觉得奇怪了，以这样的方式来学习和娱乐，怎么会有效率呢？我们所说的珍惜时间也要求我们合理安排时间，有效利用好时间。

实际上，不浪费时间的最好方法就是合理利用时间。上面说的这位同学要是能合理安排好时间，就不会总是觉得自己忙得焦头烂额而作业还没完成。如果安排好时间，他完全可以做作业、上网、看电视三不误。不止是他，很多同学都会遇到放学回家到底是先做作业还是先做自己喜欢的其他事情的问题，这时我们就应该根据自己作业的情况和事情的轻重缓急，安排好顺序和时间。比如，是做作业与看电视，如果认为作业不多，电视却是那个时间点不容错过的，而且时间也不长，就可以考虑先看再做作业；但如果作业很多，而且电视的时间很长的，则最好还是放下电视先做作业。

除了这样，我们还可以制定一个学习和生活上的时间表，合理而高效地利用好自己的时间，这才是真正的珍惜时间。

2．学会珍惜机会

很多人总是抱怨得不到机会的青睐。但事实上，我们的生命中缺的并非机会，而是抓住机会的能力。

有一位年轻人为了实现自己的梦想，向一位洞知世事的智慧老人求教。老人便告诉他说：“每天清晨，太阳未东升时，你到海边的沙滩上寻找一颗‘心愿石’。其他石头是冷的，而那颗‘心愿石’却与众不同，握在手里，你会感到它很温暖而且会发光。一旦你找到那颗‘心愿石’，你所有的愿望都可以实现了！”

以后的每天清晨，那个年轻人便在海滩上捡石头，把那些普通的石头捡起来又不断地丢入海里。日复一日，月复一月，那个年轻人在沙滩上寻找了大半年，始终也没找到温暖发光的“心愿石”。有一天，他如往常一样，在沙滩开始捡石头。一发觉不是“心愿石”，他便丢下海去。一颗、两颗、三颗……

“哇……”年轻人大哭起来，因为他突然意识到刚才他习惯性地扔出去的那块石头是“温暖”的……

当机会来临的时候，你珍惜了吗？你是否也像那个寻找“心愿石”的年轻人一样，机会来临的时候不能抓住，让其白白溜起了呢？懂得珍惜机会实在比等待机会更重要。

一个卓越的人，应该具有当机立断、把握机会的能力。只要自己把事情分析清楚，计划周密，就不要再犹豫不决，应勇敢果断地行事，珍惜和利用好每一个机会。

3．学会珍视生命，珍惜亲情、友情等情感

生命是人世间最宝贵的东西，对每个人来说，生命都只有一次。没有了生命，我们便失去了存在的根本。在我们的一生中，总是被各种各样的情感包围着，这些都是我们幸福生活的保障，是珍贵且值得倍加珍惜的。

4．学会珍惜现在所拥有的一切物质条件

我们不要心安理得地享受父母为我们创造的一切物质条件，而要带着珍惜与感恩之心。

著名哲学家苏格拉底在解答一位青年关于“世界上什么东西最宝贵”的提问时曾经说：“世界上的许多东西其实都是十分宝贵的。当我们拥有它的时候浑然不觉，而一旦失去它，便感到它的宝贵了。所以，我们应该学会珍惜，珍惜我们现在的拥有。”不要总在失去后才知道珍惜，而要时时、处处珍惜，唯有懂得珍惜，我们的生活才会变得更加美好！

⊙保持一颗感恩的心

时不时会有同学问我："崔老师，我怎么觉得身边的朋友都比我幸福，我要怎样才能跟他们一样呢？"我总是回答说："保持一颗感恩的心。"

的确，在人生的道路上，我们必定会遇到很多自己无法解决事情，也肯定会得到许多人的帮助，这些人可能是同学，可能是朋友，可能是我们的父母和老师，也可能是一些素昧平生的人，但不管是对谁，我们都应该心怀感恩。

感恩是一种能力，也是一种习惯，生活在感恩世界中的人，心中充满幸福感，而如果不管别人为你做了什么，你都认为这是他人亏欠你的，那你就总会觉得生活中处处都是痛苦，又怎么会感受到幸福呢?

现在的青少年很多都是独生子女，父母从小万般宠爱，很容易生出一种"别人为自己做的都是理所当然的"的想法。这种想法是不对的，世界上绝没有什么事情是理所当然的。如果静下心来想想，你就会发现自己应该感激的东西实在是太多了。

家庭和学校是我们学习和成长的主要平台，由于父母和老师无私的培养和教育，我们才能健康茁壮地成长，我们应该虔诚地表示感谢；同学和朋友是我们的亲密伙伴，他们给了我们真挚的友情和热心的帮助，我们应该感激；社会是我们的舞台，我们每天接触到的公交司机、学校执勤的保安、快餐店的服务生、公路上的清洁工等，他们为我们的生活提供了便利，我们也应该感激；还有那些我们生活中的快乐、苦难、坎坷、忧愁……我经常建议我周围的同学和朋友要牢记净空法师提出的"生活在感恩中"：

感激伤害你的人——因为他磨炼了你的心志。

感激欺骗你的人——因为他增进了你的见识。

感激鞭打你的人——因为他消除了你的业障。

感激遗弃你的人——因为他教导了你应自立。

感激绊倒你的人——因为他强化了你的能力。

感激斥责你的人——因为他提升了你的智慧。

感激所有使你坚定成就的人。

席慕容曾写下这样一段感性的文字："想一想要多少年的时光才能装满这一片波涛起伏的海洋？要多少年的时光才能把山石冲蚀成细柔的沙粒，并且均匀地铺在我们的脚下？要多少年的时光才能酝酿出这样一个清凉美丽的夜晚？要多少多少年的时光啊!这个世界才能等候我们的来临？"

很美的文字，很美的意境，但更美的是文字中所蕴藏的深沉而真挚的爱和充满感恩的心灵。只有常怀感恩，我们才能用心领悟爱，珍惜现在的拥有，并努力回报社会，在回报中实现人生的真正价值。

不必太苛求完美

关于完美的探讨是一个永恒的话题。以完美为衡量标准，凡事都有被挑剔的理由，可你有没有想过，完美是否真的存在？如果总是在一个没有完美的世界追求完美，那绝对是一种徒劳。在这种情况下，你对别人不够完美的苛责，你的吹毛求疵，是不是在自寻烦恼呢？其实，完美最动人心弦的地方并不在于十全十美的结果，而是它能激发我们不懈追求的力量。

⊙是别人不完美还是你在吹毛求疵

在我们的同学中有这样的一类人，他们总喜欢挑身边人的毛病，看不到别人丝毫的优点。事实上，他们自身也有很多缺陷，却总是只要求别人尽善尽美。细细分析起来，这些人实际上是想用挑剔来显示自己的个性，证明自己的聪明，并希望从中获得优越感。

我也常听到一些同学抱怨自己的父母不关心和不理解自己，抱怨自己的老师总是偏心，抱怨自己的朋友自私自利……却唯独忘了要求自己，反省自己的行为，这样其实是很可悲的。人不怕有缺点，怕的是有了缺点却看不到也不肯改；人不怕有要求，怕的是对别人吹毛求疵，对自己却纵容无度。

我们每个人在一生中总要与别人交往，有交往就会有矛盾和不满。有时我们总会牢骚满腹，感叹命运不公和世态炎凉，可你想过这些问题的真正原因在哪里吗？你挑剔和埋怨的根本原因很可能就在于你自身，是你对别人要求得太多，是你在自寻烦恼。

我们都要明白一个道理，人无完人，即使是我们自己也无法做到十全十美。

从前，有位方丈想从两个弟子中选一个做衣钵传人。

一天，方丈对两个徒弟说："你们出去给我拣一片最完美的树叶。"两个弟子遵命而去。不久，大徒弟回来了，递给师傅一片树叶说："这片树叶虽然并不完美，但它是我看到的最完美的树叶。"

二徒弟在外面转了半天，最终却空手而归，他对师傅说："我看到了很多很多的树叶，但总也挑不出一片最完美的。"

自然，方丈把衣钵传给了大徒弟。

其实，世界上的任何事情都不可能是完美的，也不必完美。如果为了寻找一片最完美的树叶而失去了欣赏和发现的目光，那就太得不偿失了。

在一个没有完美的世界追求完美是一种徒劳，一种错误。人生之所以美丽，就是因为我们把无数个遗憾搓成了一颗颗小珍珠，并在这些遗憾中成长。有句话说得好，没有遗憾的过去无法链接完整的人生。更何况，我们在很多时候对别人的苛责和抱怨，多是因为一些小事，比如同桌不肯借笔记给自己，就认为他品德不好；老师在上课时表扬了一个表现不如自己的人，就认为老师偏心；同学只是放学的时候没有等自己，就认为他人品和教养有问题，等等。这些做法都是吹毛求疵。

我在此很想提醒广大青少年，如果你自己都无法做到十全十美，就放弃你那不切实际的完美标准吧。尽管我们每个人都有缺陷，但我们可以选择走出抱怨的心境，不要让一些小事束缚了我们的手脚，把我们的精力和时间花在那些值得去做、值得去想、值得去完善的事情上吧！青春是很短暂的，我们能做的，是在有限的人生中实现自己的价值，让青春闪光！

⊙我们无法完美，但能不断完善

看完上面的这些内容后，有些本来就想为自己的偷懒找借口的同学或许就会窃喜了：既然这世界上是没有完美的，我们在学习和生活中都无法达到完美，那我们再努力也没用，还不如就这样悠悠闲闲地过吧。

我要说的是，这种想法是不对的、消极的。正因为我们每个人的身上都是有瑕疵的，所以我们才更要不断追求，不懈努力。我们无法达到完美，但我们可以努力完善自己，对完美的追求可以成为我们在人生中不断进取的动力。这就像我们爬山一样，很多时候决定你能否到达山顶的不是你的体能，而是你的信念。如果你坚持自己的追求，就有机会实现自己的梦想；如果你觉得自己不行，那你就很难到达最高处。只有始终保持追求的心，你才可能完成心愿。

以完美为目标，能给我们的奋斗和努力带来很大的动力。我们都知道，在制定奋斗目标的时候要定得高一点，这样才能更好地激发自己的潜能，如果你的目标只是稍微用点力气就能实现，那你就不会努力了。这就比如说你在一次比较难的考试中考了全班第一，98分，别人都认为这个成绩已经很好，如果你也只是以这样的成绩作为自己的奋斗目标，达到后就会沾沾自喜而不思进取起来。但是如果你能以满分作为自己的奋斗目标，你就会更努力地思索自己在这次考试中为什么会丢掉两分，下次应该怎样改进，这样你才会在以后的学习中加以注意，不断进步。再比如，你从小家教就很好，在品质方面也没有什么大的问题，可就是在为人处世中有些以自我为中心，如果你自己也觉得这不是什么大的缺陷，就不会想办法完善和提升自己，但如果你以人格的完美为目标，就会不断反省自己，找出自己的弱点和缺陷，并加以改进。

我在平时经常听一些同学说，不管什么事情，我们只要能做到十全九美就好，差一分无所谓。可你想过没有，还有一种情况就是，如果你选择这么做，到最终差的可能就不止是一分了。这就像打保龄球一样，保龄球的规矩是每一局10个球，每一个球得分是从0到10。在保龄球比赛中，这10分和9分的差别可不仅仅是1分。因为打满分的要加下一个球的得分，如果下一个球也是10分，加上就成了20分。20与9的差别是多少？如果每一个球都打满分，一局就是300分。当然，300太难，但高手打270、280是常有的。假如你每一个球都差一点，都是9分，一局最多才90分。这270、280与90的差距是多少呢？其实我们人生中的很多问题也是这样的，有些看似很微小的不完善，经过积累，最终很可能会成为我们的大问题，严重限制我们的发展。

青少年要放下思维定式，不要以完美难以达到作为自己懒惰和松懈的借口，而是以追求完美作为自己不懈追求和奋斗的目标，不断地完善自己。

正确看待平凡与平庸

平凡和平庸仅一字之差，内涵却相距甚远。虽然两者所呈现的都是一种平平常常、普普通通的状态，却是两种状态、两种心境。平凡是人生的一种常态，是以一种平常的心态用心生活，用心做事，用心为这个社会作贡献，用心实现自己的价值；而平庸则是一种随波逐流、不思进取的生活态度。平凡的人虽然默默无闻，但始终发挥着个人价值；而平庸的人就自甘被埋没，不愿通过努力实现个人价值，更谈不上为这个社会作出自己的贡献。

在我看来，这世界上是不应该有平庸的年轻人的，我们可以平凡，但绝不能平庸。决定一个人平凡还是平庸，关键在于心态，如果你甘于以平庸定义自己的人生，那你可能就真的逃不出它的束缚了。只有以积极的心态看待人生，你才能从平凡中脱颖而出，从容前行，成就自己的精彩。

⊙从容前行，在平凡中展现自己的精彩

前面我讲过，平凡和平庸是两种相似却又相距甚远的状态。在芸芸众生中，成就非凡的人毕竟是少数，我们当中的多数人还都是平凡的。我们可以平凡，但要拒绝平庸，青少年现在拥有这么美好的青春，有这么多的时间和机会，怎么能让平庸占据自己的内心呢？

让一个人平庸的真正原因是他的心态，只要我们的心态是积极努力的，我们就不会是平庸的。这就像是在田径比赛中，没有人会认为跑在最后的人是平庸的，因为尽管落后，他仍在奔跑，只有那些连上场的勇气都没有的人才是一个真正的平庸者。在人生的道路上，我们每一个人都是平

凡的，但只要你始终奔跑在赶往梦想的路上，你就不会平庸，而且还可能获得成就伟大的能量。

很多学生都跟我说，觉得自己实在是太平凡了，成绩平平，长相不起眼，特长也不是很明显，所以总是没有幸福感。

在应试教育体制下，很多学生都把出众的表现放在成绩上，认为成绩好了，自己就摆脱平凡了，没有成绩，自己就是平庸的，这种观念是不对的。只顾学习，却忽略了提高自身素质，除了考试，别的什么都不会，到头来，文凭拿了一大把，工作能力却没有，还把感受生活的能力给丢了，这是得不偿失的。

还有的人因为长相普通和没有明显特长而自寻烦恼。我一直觉得这样做大可不必，你以为自己苦恼了、难过了，就不平凡了吗？我们说，生命的魅力在于不懈追求的过程中，对我们个人而言，那就是在平凡的生活中实现自己的精彩。

平凡不等于平庸，一个人是平凡还是平庸，不在于身份、地位或其他的一些外部条件。我们可以只是一根小小的火柴，即使只能发出微弱的光，但我们燃烧过、绚烂过，这也是一种精彩。相反，假如我们是一个烟花爆竹，拥有引人注意的所有条件，但找不到自己的引线，最终也只能变成发不出响声的哑爆竹。

意识到自己平凡的人往往能找准自己位置，并默默付出，因为他们所追求的是真实的自我。因此，即使你只是一个普通人，只要调整好自己的心态，埋下头踏实地去做一个平凡的人，努力从平凡的小事做起，你也能在从容前行的过程中创造属于自己的精彩！

⊙让平庸成为心灵的过客——杜绝平庸的劣根

在我看来，青少年以平庸给自己定位或甘于平庸都是很不应该的。青少年的美好生活才开始，还有很多机会和时间改变自己，避免使自己陷于平庸。如果将一个人比喻为一台动力机，那么先天条件、智商和他所掌握的能力只是他的额定功率，他的投入和付出、心态等决定着这台机器的输出功率。只要我们现在努力改变，就能让平庸成为生命中的过客。

我曾经总结过平庸有六大劣根，青少年只有杜绝了这些劣根，才能告别平庸。

第一是自满。自满是首先要戒除的第一大劣根，人无论何时都应以一种空杯的心态去学习，无论你在现阶段取得了怎样的成绩，都不能自满自大。有人问古希腊哲学家苏格拉底，作为智者他都知道什么？他说："我只知道自己什么都不知道。"人越学习就越会发现自己不知道的东西实在太多，只有保持谦虚的态度，别人才肯教你，而你也才有更多的空间接受知识。

第二是自私。自私是我们人际交往中的杀手，是我们成长道路上的绊脚石。凡事以自我为中心，只满足自己的需求而不考虑别人利益的人，只能封闭在"自我"的狭小圈子里，平庸地度过一生。

第三是拖延。拖延总是让人错失良机，我们多数人平庸的原因不是能力问题，而是态度问题。拖延会让人在蹉跎中耗尽精力，白白浪费时间，浪费眼前的机遇。

第四是抱怨。抱怨是无能的表现，要知道，成功的人找方法，失败的人找理由。抱怨的人就是在向外找原因，这是为人极不成熟的表现，一个人只有在向内寻找力量寻求改变的时候，他的心智才渐渐成熟了。抱怨不仅让自己不开心，制造出一些无谓的烦恼，还会暴露自己心胸狭窄，这样的人，别人怎么能愿意与之交往或对其委以重任呢？

第五是借口。妄想通过借口推脱自己的责任，保全自己面子的人，注定只能平庸一生。只顾面子，连责任感都没有的人，会有人愿意与之合作或者信任他吗？

第六是放弃。成功往往在走廊尽头的拐角处，轻言放弃的人怎能品尝到成功的喜悦？

对于上面提到的六大劣根，你可以自我对照一下，看看自己身上有多少，如果你的情况很不乐观，就要想办法努力改变了。

想要改变，首先，必须坚定理想与追求。有了理想，我们才有前进的方向和动力。没有理想的人精神空虚，得过且过；有理想而不去追求的人，到头来仍是一无所获。只有敢想敢做，扬起生命的风帆，才能摆脱平庸的命运。

其次，必须脚踏实地，尽力而为。远离平庸，需要努力付诸行动。不要为你现在的一无是处而焦虑或者抱怨，这对你的成长毫无用处，只有脚踏实地地尽力去做，方能在平凡的生活中实现自己的人生价值。

最后，必须拒绝懒惰与懈怠、拒绝浅薄与浮躁，培养积极、平和、健康的心态。我们是一直这样碌碌无为，还是突破自我、成就卓越，关键就在于对自己、对生活的态度，只要能保持积极、平和、健康的心态，你才能身处平凡而超越平凡，做出更多的成绩。

⊙平凡的孩子如何成为“骑士”——成功“点金”秘术

前不久，有个学生向我诉说了这样的成长烦恼：“我长相太平凡了，成绩在班里也是中等水平，其他各方面也很不起眼，反正就是有什么事，不论好坏都不会有人想到我的那种。有时候我觉得这样倒也乐得无事，有时候又觉得自己像空气，我这样也太平庸了……崔老师您说，我是不是很没前途了啊？”

我说：“其实像你这样的孩子很多啊，不信你看看你们班，是不是中等水平的人比较多？”

“那您觉得我们该怎么办呢？”这个学生迫不及待地问我。

“每个人都渴望成为一个卓越的人，但这不是想想就可以实现的，我们还得付诸行动。首先我们得明白平凡与平庸的区别，我们当中的很多人都是平凡的，但不见得都平庸，这与个人的心态和努力有关。其次就是付诸行动了。”

很多青少年都有这种平凡又不甘平凡的心态。如何在平凡中脱颖而出、成就卓越，是每个青少年都要面临的成长课题。关于这个问题，我总结出了“成功8步”，希望可以给渴望成功的青少年作为参照：

我归纳出的“成功8步”为：

第一步，要有梦想。人能否有成就，首先要看他有没有想法，这个想法最好能视觉化、情感化、具体时间化。西方有句谚语说，一艘船如果不知道下个码头在哪里，那么驶向任何方向都是错误的。比如你梦想上一所好的大学，你首先就要对这个学校的基本情况进行了解，看看是否真的与你的兴趣吻合，还可以搜集一些关于这个学校的图片和最新动态，这样，你想实现梦想的欲望就会更强烈一些。要经常性地重复这种感觉，然后再为自己实现这一目标定一个时间期限，制订一些具体的行动方案。做任何事情都要这样，要有想法，要知道梦想成真是有科学道理的。

第二步，是承诺。承诺是向自己和他人许下的诺言，为成功做好付出的准备，让更多的人知道自己的想法，以此获得更多的力量支持。要有想法，也要敢于跟别人交流自己的想法，给自己一个预期的目标，然后再脚踏实地行动。

第三步，制订计划。凡事预则立，不预则废。不管是国家、企业还是个人，都应该有一个基本的计划，如果没有计划，生活就会陷入混乱状态。所以我建议广大的青少年都要准备一个效率手册，有计划地生活。

第四步，马上行动。没有行动一切都是零，什么事情都是在行动中完成的，敢想敢做才有成功的可能。而且要记住，行动还得快，拖延是很多人与生俱来的毛病，谁能先摆脱这个毛病，谁就能领先。

第五步，总结经验。引用柏拉图的一句话：未经省察的人生不叫真正的人生，不善于总结的人就会经常在一个地方重复摔倒。总结经验能让我们少走很多弯路。

第六步，加速前进。当想法、计划、行动和经验都有了之后，我们就该阔步前进了。延滞和犹豫向来是行动的大敌，加快前进的步伐才能让我们把握住更多的机会。

第七步，检查进度。要时不时地进行自我审视，深入了解自己与目标之间的距离，只有这样，我们才能时刻保持警醒，知道自己哪里还有缺陷和不足，还有哪些方面需要改进，从而充分调动自己的能量。

第八步，复制。要学会复制别人和自己成功的经验，并不断发展和壮大这些成功的经验，这样才能好事连连。现在的连锁店、加盟店就是利用了这一道理。

其实，很多青少年虽然现在只是一个平凡的普通人，但同样渴望能成功，借鉴上面的“成功8步”，并积极地争取，你就会发现，虽然你只是一个平凡的普通人，但你并不平庸。

敢想敢做成就美好人生

在青少年群体中，有些人容易迷失，不管是独立学习还是在生活中的一些事情上，似乎总是定不下心来，今天做做这事，明天又试试那事，最终什么事情也没办成。出现这种情况是因为他们没有明确的目标，没有追求。

敢想敢做，方能成就美好人生。只有明确了自己的人生目标，并且付诸行动的人，才有希望攀登到成功的顶峰。

⊙成功的道路是目标铺出来的

一位哲人说过："伟大的目标构成伟大的心灵，伟大的目标产生伟大的动力，伟大的目标形成伟大的人物。没有远大的目标会使人失去动力，没有具体的目标会使人失去信心！"如果说我们的人生就像旅行，那么目标就是我们的向导，无论是开始一段学习生活，还是开始做一件事情，懂得确立每一个阶段的目标都是极其重要的。只有朝着正确的方向前进，才可能到达成功的彼岸。

罗斯福总统夫人在本宁顿学院读书的时候，打算在电讯业找一份工作，以补助生活。她的父亲为她引见了自己的一个好朋友——当时担任美国无线电公司董事长的萨尔洛夫将军。

将军热情地接待了她，并认真地问："你想做什么工作呢？"

她回答说："随便吧。"

将军神情严肃地对她说："没有任何一类工作叫'随便'。"

将军盯着她，沉默了一会儿后，说出一句意味深长的话："成功的道路是目标铺出来的。"

"成功的道路是目标铺出来的"，将军的话极其中肯，如果人生没有目标，那么人的一切行为都将是盲目的，而努力也就失去了意义。

然而，在我们的周围似乎不乏那些张口闭口就说"随便"的人，这些人就像拦了一辆出租车，当司机问他想去哪里的时候，他开口就说："随便吧。"我想司机们遇到这种情况时，多数都会让他下车或者等他想好了目的地再出发。同样，生活中最可悲、最令人感到无奈的就是那些没有目标、没有追求的人。如果你有目标，单凭自己的努力难以达到，别人还可以想办法帮你，但如果你自己都不知道该朝什么方向努力，别人就更无能为力了。漫无目的地游走可以作为一时的消遣，却不能成为人生的主题。所以，确定人生目标是亟待每个青少年去做的一件事。

那么，青少年该如何确立自己的人生目标呢？不妨跟我一起来想想：

1．请你拿出一张纸，写下自己的心愿，包括那些你想拥有的东西，你想干的事情，你想成为的人……这些心愿涵盖了你学习和生活中的各个方面，不要限制范围，但每个心愿要尽量写得简短些。

记住，你不用管这些目标现在离你有多遥远，实现它们需要花费你多大的精力，你该用什么方式，只要是你现在想到的，就全部写下来。

2．列出你现在已经具备的条件和与你相关的外部资源，包括自己的个性、特长、能力、朋友、家境、拥有的时间等，越详尽越好。

3．审视你刚才所写的两部分的内容，思考一下自己具备的资源与心愿之间的对应关系，选出几个你认为最现实、能较快实现的目标。你需要考虑一下这些心愿对你的重要性，实现这些心愿的难度，自己需要提高哪些方面，然后，忘记那些不切实际的心愿。

4．为你的目标制定具体的实施步骤，可以寻找一些值得效仿的榜样，并不断完善自身的能力。我们的目标一般可以分为近期目标和长远目标，在选出来的几个目标中，你一定要明确知道哪些目标是在短期内就能实现的，先从这些目标入手，制定具体的实现步骤，安排好目标开始和达到的时间、自身条件、需要借助的外部条件、实施方法等，这样，你在实施的过程中就会思路明晰了。

这一切都需要你孜孜不倦的努力，但如果你对自己制订计划的能力没有太大的把握，可以向父母或者长辈们咨询，也可以跟那些与你有相同目标的人探讨和学习。同时，要知道很多有大成就的人都有一个学习的榜样，他们之所以能做得更好，也是因为站在了前人的肩膀上，所以在实现目标的过程中，你同样可以不断地向他人借鉴和学习，不断提高自身的能力。

你认真思索并将自己的目标写下来，就是对自己内心进行一次考问，从而更深入地了解自己，利用好那些已有的能力，挖掘和培养自己的潜能，抛弃那些不切实际的想法，制定明确且适合自己的目标。

⊙在行动中实现梦想

想要实现人生理想，要有计划、有目标，更需要切实的行动，再美好的梦想如果没有付诸行动，都会变成空想。而空想是危险的，可能会毁掉本来充满希望的人生。青少年要实现自己的理想，在明确了人生目标后，就应当付诸行动，在行动中实现自己的梦想。

在行动中实现梦想就要求青少年敢想敢做，不仅要敢于树立自己的理想、明确自己的人生目标，更应该培养自己果断的品格，要为了达到目标立即行动。养成立即行动的习惯，会激励我们做好那些想了很久却迟迟不敢行动的事情。这样，你抓住了机遇，成就梦想的可能性就增大了。成功学创始人拿破仑·希尔说：“生活如同一盘棋，你的对手是时间，假如你行动时犹豫不决，或拖延行动，将因时间过长而痛失这盘棋，你的对手是不容许你犹豫不决的！”迟疑是成功的大忌，光说不做更是要不得的。有这样一个笑话，也说明了行动对于实现目标的重要性：

有一个生活很窘迫的年轻人每隔一两天就到教堂祈祷，而且他的祷告词几乎每次都相同。

“上帝啊，请念在我多年来敬畏您的分上，让我中一次彩票吧！阿门。”

几天后，他又垂头丧气地来到教堂，同样跪着祈祷："上帝啊，为何不让我中彩票？我愿意更谦卑地服侍您，求您让我中一次彩票吧！阿门。"

几天里，他重复着这样的话，甚至带着哭腔哀求："我的上帝，为何您不垂听我的祈求？让我中彩票吧！只要一次，让我解决所有困难，我愿奉献终身，专心侍奉您。"

就在这时，圣坛上空传来了一个声音："我一直听你的祷告，可是，最起码你也该先去买一张彩票吧！"

读完这个故事，在笑过之后请你一定要记住这样的道理：不管你的理想多么伟大，不管你的目标是近期的还是长远的，都要用行动来实现，因为不去落实的计划，只能是空谈而已。

这个道理似乎多数的青少年都明白，但实际上未必人人都能做到。

小艾是我们班一个可爱的小姑娘，聪明伶俐，却有一个坏习惯，那就是想得多却做得极少。在她的心中有很多计划，但时至今日，她的很多计划还停留在空想阶段，她总是犹豫不决，缺乏行动力。

早在三年前，她就计划着要去学游泳、学溜冰，还为自己的目标制订了一个完美的计划，具体到把每周学习的时间和次数、课后的练习时间、学习的步骤、花费，等等，都安排好了，而且还做了一份详细的表单贴在自己的房间里。可是三年后的一天，我跟她聊天时说道："你的游泳和溜冰技术一定很棒了吧！以后有机会可以组织同学一起去玩呀。"她却摇着头对我说："没有，我根本就不会游泳和溜冰，我一次都没去学。""怎么，你的计划不是很好吗？"我有些诧异了，后来她才告诉我，原来她在制订了那份计划后，仍一直在心中寻思着需要完善的地方，根据自己的身体状况寻找更好的时间安排和能取得最佳学习效率的步骤，以至于当自己觉得一切都安排得更妥帖的时候，夏天已经过去了，新学期中课程的安排和作息时间又有了调整，她的计划就被全盘搁置了。于是她又重新计划，但在新的学期，她对游泳和溜冰的兴趣比不上以前了，而且还有了新的目标，结果游泳和溜冰的计划就无限搁置了。

听了她的话，我不禁遗憾和惋惜。许多三年前并没有游泳和溜冰计划的学生都已经学会了这些，甚至技术也都非常娴熟了，可小艾的计划还始终存于空想当中。不过，我回过头再一想，才发觉小艾的这两项计划泡汤是正常的，因为她一直都是一个想得多却极少行动的学生。在学习上，每周一交学习周计划的时候，她的计划总是最详尽、最合理的，可她总对别人说自己的计划还有待完善，还得再想想才能按计划行事；在生活中，她也总能制订出很好的计划，但好像她的大部分时间和精力都花在制定目标上，到行动时就显得无力了。

实际上，在现实生活中，像小艾这样的人还真不少。有些人时时希望学习成绩能更上一层楼，刻刻梦想上好大学，天天想着出人头地，口口声声说要培养自己广泛的爱好和特长，说要帮助父母做一些力所能及的家务……他们想得都很好，有些人的计划也是无懈可击的，但很多人就是不愿踏踏实实地学，踏踏实实地干，结果只能是竹篮打水一场空。

我们不能只生活在梦想中，而要以实际行动去达到目标。幸福的生活不是可以靠虚幻的美梦得来的，任何时候都不要指望坐享其成，只有自己扎扎实实地去努力、去创造，才可能把愿望变成现实。生命的意义在于以行动实现人生的目标，并不断提升人生的目标，进而更努力地行动，从而形成一个良性的循环，拥有成功的人生。

名言修炼堂

1．良好的个性胜于卓越的才智。

——【美】爱迪生

2．没有感恩就没有真正的美德。

——【法】卢梭

3．人类的使命在于自强不息地追求完美。

——【俄】列夫·托尔斯泰

4．灵魂如果没有确定的目标，它就会丧失自己。

——【法】蒙田

5．青春不是人生的一段时期，而是心灵的一种状态。

——【古罗马】塞涅卡

6．我们的行动是唯一能够反映出我们精神面貌的镜子。

——【英】卡莱尔

7．只有平凡的人生才是真正的人生，实际上只有远离矫饰或特异的地方才真实。

——【法】费狄拉

8．轻浮和虚荣是一个不知足的贪食者，它在吞噬一切之后，结果必然牺牲在自己的贪欲之下。

——【英】莎士比亚

9．只有在集体中，个人才能获得全面发展，也就是说，只有在集体中才可能有个人自由。

——【德】马克思

10．不要老叹息过去，它是不再回来的，要明智地改变现在，要以不忧不惧的坚决意志投入扑朔迷离的未来。

——【美】朗费罗

打开心灵密码之情商测试篇

从下面的选项中，选出与你的实际情况最符合的一项。

1．对于自己制订的学习计划，你会怎么处理？

A．总是按时完成。

B．不一定能按时完成。

C．一般都不能完成。

2．如果刚到一个新的环境，你将怎样安排自己的生活？

A．井井有条，就像从前一样。

B．不一定能安排好，需要一段时间来适应。

C．生活会变得一团糟。

3．如果在学习和生活上遇到了困难，你是否有能力克服？

A．是的。

B．不一定。

C．不是的。

4．在逛街的时候，你因为懒得打招呼，总是尽量避开熟人？

A．从未如此。

B．偶尔如此。

C．经常。

5．当你正专心学习时，隔壁的玩伴找你一起玩游戏，你会怎么办？

A．拒绝对方的邀请，仍然专心学习。

B．心中犹豫不决。

C．停止学习，马上跟对方一起出去。

6．当你正在思考，别人却过来挑衅你时，你会怎么处理？

A．不露声色。

B．说出不满，挖苦一下对方。

C．大声抗议，然后与对方争执起来。

7．当别人聚在一起并提到你名字的时候，你总会认为别人在说自己的坏话？

A．不是的。

B．有时会有这种感觉。

C．是的。

8．你是否觉得父母、老师及同学对你都非常好，你生活得很幸福？

A．是的。

B．有时会这么觉得。

C．从未如此。

9．你会为自己的长相和家境感到自卑吗？

A．从不。

B．偶尔。

C．经常。

10．遇到需要自己做决定的事情时，你总是犹豫不决吗？

A．从不。

B．偶尔。

C．经常。

11．你是否喜欢担任班干部，而且会把为同学们服务当做一件快乐的事情？

A．是的。

B．不一定。

C．不是的。

评分标准：

选A得5分，选B得2分，选C得1分。

测试结果：

11～25分：你的情商较低，容易被情绪左右，你的性情过于急躁，很容易发怒。对于成功来说，这是个危险的信号。

26～38分：你的情商一般，情绪较不稳定，你在不同的场合和时间中的表现不尽相同，这与你的意识有很大关系。你需要控制好自己的情绪，要记得提醒自己保持良好的状态。

39～49分：你的情商较高，而且比较能获得幸福感和满足感，这是你的优点，应该努力保持。

50～55分：你是一个心智成熟的人，这种高情商是你成就卓越的一个重要条件。

>>> PART 4

知识更新修炼

学习力的强弱对个人发展的好坏有着决定性的作用。

本章重点：

培养学习力

美国前总统克林顿说过：“在知识经济时代，谁不善于学习，谁就没有未来。”的确，在这个知识更新速度越来越快的时代，应对变化的唯一途径就是不断学习，不学习的人很快就会被淘汰。对个人而言，学习不仅是一种获得新知识的途径，也是掌控或改变自己命运的重要条件。只有不断学习，我们才能掌握规划人生蓝图的主动权；只有不断学习，我们才能积累自己的智能资本；只有不断学习，我们才能冲破限制自身发展的壁垒，最终实现自我价值。

中国有句古话说得好，“活到老，学到老”。学习应是我们坚守一生的事情，而学习力的强弱则对我们每个人发展的好坏有着决定性的作用。

学习是生命的根本保证

你是否已在心中为自己的成长勾画好了蓝图？你知道应该怎样去实现自己的梦想吗？在此，我想告诫青少年的是，没有学习，一切都是空谈。在这个竞争异常激烈的社会中，学习力决定着我们能在理想的道路上走多远，拥有强大的学习力才拥有掌控未来的能力。

学习能力比先天的禀赋更加重要，缺乏学习力，天才也难以成大事。

⊙学习力提供掌控未来的能力

我们在年轻的时候经常会有这样的期待，想看看10年、20年甚至50年之后的自己会是什么样子，而且在每个人的理想中，若干年后的自己都应该是事业有所成就，生活幸福美满，几乎没有人会想象自己那时是一副狼狈不堪、贫困潦倒的样子。可是你是否想过如何实现这样的理想？我给出的答案是——关键在于你的学习力和你努力的程度，尤其是学习力。

学习力，顾名思义，就是学习的能力。对于每个人而言，学习力是我们适应环境、实现自己的人生理想的保障，将为我们提供掌控未来的能力。

我们在学习的过程中都会有这样的感受：随着年级的升高，我们所要学习的知识越来越难，只有不断提高自己的学习能力，才能跟得上课程的学习，如果不及时锻炼和增强能力，我们很可能会落后，这就是知识更新对我们提出的要求。

其实，不仅对于中学生是这样，整个社会都是如此。我们赖以生存的知识、技能时刻都在更新，而且更新的速度相当快，那些学习力较弱的人如果不加强用功程度，很快就会跟不上时代的脚步。

这绝非危言耸听，美国职业专家指出，现在的职业半衰期越来越短，所有高薪者若不学习，不到5年就会变成低薪者。有人甚至断言，未来社会只有两种人：一种是忙得不可开交的人，另外一种是找不到工作的人。导致人与人之间这种差别的原因就是学习力的强弱，只有那些在激烈竞争中不断保持和提高自己的学习力的人，才不会被社会淘汰。

如果你觉得就业离你还有些遥远，那我们不妨回过头来看看我们的周围：为什么在同样的学校，由同一个老师授课，有些同学能学得又快又好，而有些同学总是跟不上呢？老师讲解同一个知识点，为什么有些同学很快就领悟了，而有的人听好几遍还不明白？其实同学间的这种差异也是学习能力不同导致的。

社会的发展表明，未来的社会竞争将不再只是知识与专业技能的竞争，而是学习能力的竞争，一个人如果善于学习，他的前途会一片光明，反之，则很容易被社会淘汰。你未来想成为一个怎样的人？你想实现自己的理想吗？如果你的答案是肯定的，那你就应该摈弃杂念，利用好有限的时间，好好挖掘和培养自己的学习力。

⊙不做神童，只做主动学习的人

在我们的同学中，不乏一些自恃聪明而对学习马马虎虎的人，他们总认为自己的天赋好，别人再怎么努力也比不上自己，于是扬扬得意起来，可最终的结果往往是这些天赋好的人停滞不前，而资质平凡者却取得了好成绩。他们天资聪颖，但忽略了进步最需要的东西——勤奋而主动地学习。

后天培养的学习能力比天赋更加重要，缺乏这种能力，天才也难以成大事。我们都听说过神童方仲永的故事：

方仲永出生于平民家庭，他长到五岁时，还不曾见过笔墨纸砚等书写工具，有一天忽然哭着要这些东西。父亲对此感到惊异，从邻近人家借来给他，他当即写了四句诗，并且题上了自己的名字。从此，指定事物叫他写诗，他能立刻完成，诗的文采和道理都有值得欣赏的地方。同县的人

对他感到惊奇，纷纷请他的父亲去做客，还花钱求方仲永题诗。他的父亲认为那样有利可图，便每天带着方仲永四处拜访同县的人，不让他学习。在长到十二三岁时，他写出来的诗已经不能与以前的名声相称。又过了七年，他的才能消失，沦为普通人。

方仲永小时候的天资比一般人要高很多，可由于缺乏后天的学习，最后也就只能“泯然众人矣”。生活中，我们多数人的资质都是一般水平，所以我们要想进步和成功，就更应该培养自己的学习能力。

纵使聪明也不能自傲，即使平凡也无须自卑，这是我想给每一位同学的劝诫和勉励。即使是神童和天才，久不用功，也会变得碌碌无为，而如果有主动学习和勤奋进取的态度，平凡的人也会有所收获。有人进行过专门的研究，发现如果一个人积极地去做某件事情，就能发挥全部才能的80%，而那些只是被动地从事某项工作的人，只能发挥自己全部才能的30%，甚至更少。

因而，要想在当今竞争激烈的社会中胜出，必须积极主动地学习、探寻智慧以及有助于提升效率的资讯。这是很多成功人士以自己的实践证明了的真理。

彼得·唐宁斯曾是美国ABC晚间新闻当红主播，他连大学都没有毕业，但是把事业作为他的教育课堂。在当了3年主播后，他毅然决定辞去人人艳羡的职位，到新闻第一线去磨炼，干起了记者的工作。他在美国国内报道了许多不同路线的新闻，并且成为美国电视网第一个常驻中东的特派员，后来他搬到伦敦，成为欧洲地区的特派员。经过这些历练后，他重又回到ABC。此时，他已由一个初出茅庐的年轻小伙子成长为一名成熟稳健而又受欢迎的记者。

学习的能力不是与生俱来的，而是后天培养而成的。如果青少年想在以后的人生中成就卓越，那就应从现在开始加倍努力地学习，时时注意培养自己自觉、主动学习的习惯。

做一个主动学习的人，你首先应该为自己制订一个明确而合理的学习计划，唤起头脑中主动学习的意识；其次要激发你的兴趣点，多观察，多思考，学会在学习过程中寻找快乐；另外，你还可以多回忆和创造一些成功的学习体验，以唤起你的学习积极性和主动性。

其实，要想学习好并非难事，只要你积极努力，就会有所收获。在这个世界上，神童没几个，快乐的读书人却有不少，如果抱着主动的态度，以勤奋的汗水浇灌，我们终将体验到学习的乐趣。

学习的本质在于自我更新

学习是什么？学习就是从阅读、听讲、研究、实践等活动中获得知识或技能。要使知识与技能得到积累和提升，就要不断地自我更新。而在这个过程中，我们应该掌握好思想的舵，扭转一些不正确的学习观，不要认为读书没前途，不要认为读书只是为了父母……只有为自己读书，为增强自己的能力而学习的人，才会真正主动地学习，即使是在没人监督的情况中，仍能积极地学习。这样的人，才能真正感受到学习的乐趣。

⊙扭转观念：读书和打工，谁更有意思

“我家住在郊区，我现在所上学校的师资力量和教学条件都不怎么好，而且我觉得自己读书实在是没有什么前途，所以很想早点出去打工。我的一些同学很早就出去打工了，现在都混得很好，我要是出去，肯定比他们还强。”前段时间一个学生对我说出了这样的想法。我知道，不止是他有这样的想法，读书无用论在一些人的心里早已经蔓延开来。

是读书没有用还是你不明白读书的用途？到底是学校不好还是你自身不好？这是那些抱怨学校条件差，没有给自己创造好的学习环境的同学应该反思的问题。其实，好的学校和好的学习是两回事。一般情况下，一个好的球员在哪儿都能得到冠军，这与球场关系不大，与个人关系却非常紧密。我们会羡慕那些很早出去打工的同学的成就和自由，但他们的具体情况和难处你知道吗？表面上的好未必是真的好。

其实以前我也接触过很多过早放弃在学校读书的机会出去打工的人，有些人是混出点名堂，但他们的成功也没能离开学习，他们在自己的岗位上辛

勤地工作，踏实地学习，凭着顽强的毅力和自学精神才有了后来的成绩。在回忆起自己的成长过程时，他们中很多人都为自己过早离开学校而感到遗憾，因为这样的选择让他们走了很多弯路，也增添了很多心酸和苦楚。

多受教育、多学习，对个人肯定是有好处的，打工固然能锻炼自己的能力，却也可能浪费我们最佳的学习时机。不信你可以问问那些工作了的人，其实很多人是想回去读书的，因为他们在工作之后才明白，原来自己不懂的东西还有很多。所以，不要只看到一些书没念完就去打工的人赚了多少钱，更不要以为不念书也一样能赚到很多钱。虽然有些富翁级的人物年轻时的确没有坚持把书念完，但像他们这样的人毕竟不多。何况他们只是不在学校念书，却一直也没忘记学习充电，而且可以说，他们勤奋和用心的程度比许多念书的人还更深。很多人都羡慕比尔·盖茨的成就，大家也都知道他在大学三年级时主动放弃了继续在哈佛大学接受教育的机会，可是盖茨从小就发现自己对软件编程很感兴趣且有这方面的天赋，而且在这方面下了狠工夫，可以说，他的用功程度没有几个人比得上。再看看李嘉诚，他因为自幼家境贫寒无法继续读书，才被迫退学学做生意，从白手起家到商界名人的成长过程很是艰辛。他在学校接受教育的时间虽然有限，但一直坚持自学，他成功的秘诀并不在于放弃学业去打工，而在他的努力与不断学习。

我们每个人都应该规划好自己的人生，为自己的理想努力奋斗，而不是拈轻怕重，总想着寻找成功的捷径。只想不劳而获的人，不仅在读书方面是没有前途的，在其他方面也不会有多大起色。这不是环境的问题，而是个人能力和心态的问题。我们读书是为了学习知识，提升自己，绝大多数人也都是通过学习、积累然后成功的。你尽可以去读读名人的传记，哪个成功人士的人生履历中是少了学习这一环节的？

⊙你为什么读书——学习目的决定学习能力

你为什么读书？你在为谁读书？读了这么多年的书，你认真思索过这些问题吗？如果你以前没想过，现在可以好好想想。我们先来看这样一个故事：

1911年年底，周恩来在沈阳东关模范学校上学。此时正处于中国社会情势的变动时期，孙中山领导的辛亥革命取得了胜利，两千多年的封建统治被推翻了，很多人都处于思想的困惑期，也没有什么明确的人生理想。

有一天，魏校长亲自为学生上了一堂主题为“立命”的修身课，想以此来对学生进行“立志”方面的教育。魏校长讲到精彩处突然停顿下来，向学生提出一个问题：“请问你为什么读书？”

教室里静悄悄的，没有一个学生回答。

“如果没有人回答，我就一个个问了！”

魏校长走下讲台，指着前排一个同学说：“你为什么读书？”这个学生站起来挺着胸脯说：“为光耀门楣读书！”魏校长又问第二个学生，回答是：“为了明理而读书。”第三个被问的学生是一个靴铺掌柜的儿子，他很认真地回答说：“我是为我爸而读书的。”同学们听了哄堂大笑。校长对这些回答都不满意，摇了摇头，又到周恩来面前，问道：“你是为什么而读书？”

周恩来站起身来，非常郑重地回答道：“为中华之崛起而读书！”魏校长没有想到竟然有这样出众的学生，非常高兴。他示意让周恩来坐下，然后对大家说：“有志者，当效周生啊！”

看完这个故事后，你想好自己的答案了吗？

其实我在教育培训的过程中，经常会跟一些家长和孩子交流，知道了现在很多学生读书的目的：读书是为了考个好分数，拿高文凭，找个好工作；父母说，读好书将来才会有好前途，享受好的物质条件；为父母争光，为国家添荣誉……这些回答都比较贴近我们的生活实际，而且这样的目的也是没错的，但我有个疑问，这诸多的说法有多少是发自你心底的真实想法呢？你千万别忘了，是你在读书而不是你的父母，你学习的目的决定着你的学习能力大小和收获多少。虽说并非人人都能伟大到“为中华之崛起而读书”，但是最起码的个人价值的实现你应该考虑到，我们读书不是为了别人，而是为了自己，是为了努力提升自己的能力，为自己的前途而读书。

如果读书只是为了家人和光耀门楣，就不可避免地会陷入被动学习中。因为在你的眼里，读书是为了让别人分享你的荣誉，是为了让别人高兴，而不是根植于自己内心的一种渴望和希求。抱着这样想法的人，一旦不高兴了，就会认为学不学习、学不学好无所谓，反正那只是为了别人，自己松懈点倒也乐得清闲。这样的人怎么会有读书的动力呢？

至于那些认为读书能获得好的分数或是高文凭、将来能找到好工作的人，他们果真能如愿吗？要我说不一定。这类人只是把读书作为晋级的一种手段，为了读书而读书，为了分数而学习，可有了好分数和高文凭，也不见得就有能力，到头来更不一定能找到好的工作。现在的就业压力越来越大，对很多大学生来说，一毕业就意味着失业，这其中的原因不是他们的成绩不好，而是他们的能力根本就不符合岗位的要求。不是真正为提高自身能力而读书和学习的人，最终便很难逃脱被社会淘汰的命运。

只有为自己去读书，为增强自己的能力去学习的人，才会真正主动地学习，把学习当做自己的兴趣，为了满足自身的需求积极进取，不断完善自己。青少年要记住的是，你的学习目的决定着你的学习能力，也决定着你的学习成果。在学习这件事情上，我们务必要端正自己的态度，认识到学习终归是为了自己今后的发展，最大的收益人是自己。

⊙培养自学的能力

中国有句俗语说的是，师傅领进门，修行在个人。我们生活的社会天天都在变化，知识的更新更是日新月异，所以要真正学好一门学问，自学能力很重要。我们现在有很多同学还是在被动地接受着老师的知识灌输，而且还要在父母的监督下才能够学习，这种态度是学不到什么真本领的。上课的时间毕竟不多，老师所传授的知识也是有限的，仅凭这点知识恐怕根本无法满足我们成长的需求，但通过自学，我们就可以获得不可限量的知识和进步。一般来说，从小就拥有自学能力的孩子，长大后无论在生活还是在工作中，都能够积极应对困难，解决问题的能力也比其他的人强，这也就是我们常说的生存技能较强。

自学是一种很重要的学习能力。有自学能力的人即使在没有人要求、强制的情况下，也能自觉而且出色地学习，这反映的是一种积极而主动的学习态度。不知道你在学习上有没有这样的感受，有些知识点老师的确是深入讲过了，自己当时也记得很清楚，可是过了没多久就全部忘到九霄云外了，这就是因为你没有积极主动地去学习、去思考。如果只是一味地听老师讲课，你可能当时会懂，但是没有经过自己的主动思考，印象就不深刻，这些东西可能过了一两天就忘了，而通过进行主动思考，你就能明白知识的脉络体系，能深入地理解和记忆，这样一来，学习的效果自然会好很多。

在这个知识经济时代，良好的学习能力是个人成功的关键因素，而自学作为获取知识的重要途径，其作用不可小瞧。一个人即使没有念过多少书，但如果他具备自学的精神和能力，同样能在以后的成长道路上不断进步；而那些不懂得自学的人，则只能在现有的圈子里转来转去，难有新的收获。自学是我们提高学习力的根本保障。对于那些想要培养自学能力的青少年，我有以下一些建议：

第一，要制定合理的学习目标，把握重点和难点。这就是说，对于自学的内容和方向，要做到心中有数，然后再朝着这个目标一点一点地使劲。需要注意的是，在这个过程中，切忌贪多求全，一定要注意分清主次，掌握这一阶段学习的重点和难点，把主要内容弄懂，一些次要的内容可以暂时放下，而对于那些经过思考仍然解决不了的问题，也不妨先搁置下来，先接着往后学，过一段时间再回过头来解决它，可能就很容易了。如果经过了深入思考后仍不明白，你还可以请教老师或者其他人。这样的学习方法，有助于你集中精力主动学习。

第二，在自学过程中要多用“优势发挥法”来激发和保持良好的学习兴趣。所谓的优势发挥法，就是从自己认为最有优势的课程开始自学，然后再将这一方法推广到其他课程的学习中。这样做的好处是，从优势课程着手，能增强个人学习的自信心，激发学习兴趣，从而提高自学的效率。

第三，要养成良好的自学习惯，善于利用一切有利的学习条件。我们在自学的过程中要养成勤动脑、勤动笔的好习惯，这能有效增强我们的记忆力，加深我们对知识点的理解。另外，还应该明确，自学需要我们主动地学，但也不能闭门造车，而要充分利用一切有益于学习的条件，比如图书馆资源、网络资源及老师的指导等。

任何时候，只有自己想学，自己主动去学，我们才能真正学到东西。没有人能保证你成功，只有你自己；也没有人能阻挠你成功，只有你自己。不要以为成功就是战胜别人，它更重要的是战胜自己。所以，要想登上成功之梯，我们最好从现在开始努力培养自学能力，永远保持主动的学习态度。

轻松学习有诀窍——兴趣造就人才

常听到学生向我抱怨说学习有多么枯燥、多么无趣，可我觉得学习并不是一件枯燥的事情，它也可以很有趣，关键看你有没有找到轻松学习的诀窍。我认为，让学习变得轻松有趣的窍门在于，让自己对学习抱有浓厚的兴趣。

所谓兴趣造就人才，这并非毫无根据。兴趣能激发我们学习中的兴奋点，有了兴趣，我们才能更积极主动地投入学习。但是，兴趣是不是越多越好呢？我们该怎样选择要培养的兴趣？当兴趣的主动形成和被动培养之间出现了矛盾，我们该怎样解决呢？

⊙兴趣是最好的老师

最近，有个读初二的同学向我诉苦："进入初中后，我发现学习的难度越来越大了，以前我在班级里的成绩还算可以，中上水平吧，可现在我觉得自己越来越跟不上了，学起来有些费劲，所以现在我觉得学习是件很痛苦的事情。我也知道要努力、要坚持，可还是体会不到崔老师你说的那种学习的快乐。"

在学习过程中遭遇挫折就觉得学习很痛苦，这可能是当前青少年普遍存有的一种心态。学起来费力，无法坚持，这本身不是学习的问题，而是你自己的问题。想改变你的学习现状，就要先转换你的这种思想观念。一个人的心态决定了他的行为，可以说也预设了事情的结果，如果你把学习当做一件痛苦的事情，那学起来就必然很吃力；但如果你转换一下想法，想一想学习的乐趣，想一想你努力学好后你的家人、同学和老师对你的赞扬，加强这种积极的预想后，你就会对学习形成一个正面的印象，学起来也就不会觉得那么痛苦了。

在学习上痛苦，最多也就三分钟热度的根本原因，是学习还没抵达你的“热心处”，也就是说你还没有完全提起对学习的兴趣。我们都有这样的体会：如果是自己感兴趣的事情，我们总能怀着愉快的心情一直坚持下去；如果是自己感兴趣的课程，我们在学习的时候就不会觉得费力，而且这门课程的成绩还会很好。这就是因为兴趣是我们办事和学习的动力，有兴趣自然就会提升效率。

大科学家爱因斯坦说过：“兴趣是最好的老师。”有了兴趣，你才会主动投入，思考学习中碰到的问题和困难。设想一下，如果你对绘画或者弹琴一点兴趣都没有，你怎么会用心去学呢？即使是父母给你报了兴趣班，逼着你去学，你往往也学不好，因为你根本就没有学习的欲望，学习也只是在敷衍了事，这样怎么能学好呢？

所以，想要学得好，先问问你的兴趣所在吧！一个人如果能根据自己的爱好去选择事业和目标，那他的主动性将会得到充分发挥，即使十分疲倦和辛劳，也能够兴致勃勃，心情愉快；即使困难重重，也总能想尽办法克服。爱迪生就是个很好的例子，他几乎每天都在实验室里辛苦工作十几个小时，在那里吃饭、睡觉，但他丝毫不以此为苦，“我一生中从未做过一天工作。”他说，“我每天都其乐无穷。”同样，兴趣让达尔文一生中大部分时间都待在人烟稀少的荒岛和密林中采集生物标本；使罗蒙诺索夫以白干40天活为代价换一本书；使列文虎克整整磨了10年的玻璃片，而最终发明了显微镜；使发明柯达照相机的伊斯曼全心扑在研究上终身未娶……从这些人物身上，我们不难看出兴趣对学习的重要性。

兴趣对学习的重要性不用再多说，可是很多人就是一时很难弄清楚自己的兴趣所在，也不知道怎样去激发兴趣、提高学习。这其中最根本的原因，就是因为他们没有掌握激发兴趣的方法。

要激发自己的学习兴趣，首先要对自己的能力和爱好进行正确评估，不断了解自己能干什么，真正喜欢什么。如果个人的兴趣与能力、爱好等相符，他的主动性就会得到充分发挥。

其次是要以成功的体验来增强激发兴趣的积极性。当体验到成功的乐趣时，我们往往会更有信心、有兴趣地去实现下一个目标，这样，兴趣的激发就会形成一个良性循环，促使我们不断进步。

另外，你还可以通过树立榜样或是利用团队合作学习的方式来激发和培养自己的学习兴趣。比如，你可以结交一个或几个不同兴趣的朋友，以朋友为学习榜样，不断强化自己的兴趣培养，或者，你也可以参加一些兴趣小组和兴趣班，在团队的合作学习中不断激发自己的学习兴趣。

兴趣是学习最好的老师，激发出学习兴趣不仅是帮助个人轻松学习的法门，也是提高学习力的关键。掌握好了这点，我们才能在学习上取得长足的进步。

⊙多报兴趣班就能学得多吗

“崔老师，本来我的学习就很累，可爸爸妈妈还帮我报了很多课外补习班和兴趣班，像书法、国画、电子琴、英语口语、乒乓球等，从周一到周日安排得满满的，我没有一点玩的时间。”

“你是不是觉得很苦恼啊，那你有没有跟你的父母沟通过呢？”

“还没有，我是很想跟他们说的，可是转念一想，他们这样做也是为了我好，多培养点兴趣爱好，以后在社会上就多点竞争力。最主要的是，我们班大部分同学也都报了很多兴趣班，很多人比我学得还多。要是我不去上，会很没面子。而且，我们学校经常组织书法、古诗词、英语口语等比赛，可学校又没有开设专门的课程，如果不去补习，我们在参加比赛的时候岂不是很吃亏？”

这是在一次培训后，一个学生跟我的对话。兴趣班的“优”和“忧”可能也是很多青少年都曾经遇到的问题。一方面，我们觉得自己是非自愿的、是被父母逼着去培养这些兴趣爱好的；另一方面，我们又觉得身边的同学都去学了，自己不学，不但可能会落后于人，而且还会让自己丢面子。学，自己没兴趣；不学，又会比别人落下一大截。对于兴趣班，到底该不该上，该上哪些，该怎么上，这些问题让太多青少年陷入了苦恼中。

的确，现在的兴趣班五花八门，可以学到各个方面的才艺技能。但是，兴趣班报的多、上的多，不表示你学到的就多、就好。报兴趣班，关键是根据自己的兴趣爱好和实际需要选择，而不是跟风，看别人报什么自己就报什么，更不能怀有功利心，指望着通过兴趣班学习来获得一些荣誉，或是获得向他人炫耀的资本。那么，到底该如何选择兴趣班，如何保证自己能上好兴趣班呢？

我个人认为，青少年报兴趣班，务必要摆正自己的心态。兴趣班可以报，而且我们也应该有多样化的兴趣和爱好，但不可以抱着功利和跟风的态度。人一辈子不可能把所有技能都学会，也不能一口吃成胖子，为了面子给自己无谓地加筹码，是没有任何意义的。你自己先要想明白了，然后再去做。如果自己真的有兴趣，可以从中选择一两个自觉去学，而且既然学了，就要有坚持把这个兴趣班上好的决心，这样才能真正学到东西。

有些课外的兴趣班是用来学习的，比如现在很多学校里不开书法课，可是书法是中华民族的传统文化，中国人最好能学点书法，我们不一定非要成为书法大师，但学点书法在生活中还是很受益的。像我们平时写字，因为自己以前没有这方面的训练，字写得不怎么美观，所以有时候我们自己写的字就不愿意让别人看，而且还特别羡慕班上那些字写得好的同学；更进一步说，字写得好在考试中还能赢得老师的印象分，参加作文竞赛的时候，也是那些字写得好的同学有优势。虽然这些目的可能会给人感觉有些功利，但这都是很现实的事情。

在明白了这一点后，你就该准确地给自己定位了。如果你认为多报兴趣班就能什么都学好，那就错了。因为人的时间和精力都是有限的，面面俱到到头来可能什么都学不会；如果你认为学习是为了攀比，那也用不着，因为这世上永远是“山外青山人外人”，想什么都比别人强，只能是吃力不讨好，也是不现实的。不管什么时候，你做决定时首先应该考虑自身的条件和自己的需求，适合自己的兴趣班才能培养和激发你的兴趣，提高你的学习力。

⊙今天，你“被培养”了吗

说到兴趣班的选择与学习力的激发，我又想到一个问题，那就是我们在面对自己的兴趣与父母培养的兴趣有矛盾时该怎么办。我们都知道，父母年轻时受教育的条件不比现在，很多东西都没机会学，所以他们往往会把自己以前的遗憾和期待都寄托在我们身上，会根据自己的想法为我们选择一些兴趣班，制订一些学习计划。但是，他们的选择并不一定是我们热衷的，这就会让我们感到自主选择的权利被剥夺了，进而产生一种“身不由己”的感觉。

以前就有学生跟我反映过这方面的问题，比如说有些女生喜欢武术、篮球之类的项目，可母亲觉得现在的女孩子都应该多学些能培养优雅气质的才艺，就给报了舞蹈、礼仪、钢琴、古筝等兴趣班，结果孩子根本不想去上，母女间的关系因此弄得很僵；有些孩子对绘画和声乐丝毫不感兴趣，而且也没什么天分，可父母又根据自己的人生经验，强求孩子去培养这些兴趣，可往往越强求，孩子就越讨厌学，孩子的叛逆情绪一上来就离家出走……面对父母不容分说的选择，我们该用怎样的态度和方式来解决呢？是不与父母沟通，我行我素地将叛逆进行到底，还是顺从父母的意志，被动地培养兴趣呢？其实这两种方式都不是最好的解决办法。我的观点就是，要加强与父母的沟通。

现在家长与孩子间产生矛盾的重要原因就是缺乏沟通。我们在遇到与父母观点有分歧的情况时，可以先站在父母的立场，多角度思考问题，要明白，不管怎样，父母的出发点都是为了我们好，父母为我们报兴趣班也是为了让我们全面发展，提高我们的才能和技能，只是不符合我们自己的期待和真实需求。我们可以主动地与他们交流，先说出自己对父母的体谅、理解和感激。接下来，你就要明确自己的真正想法，告诉父母自己喜欢什么、比较爱好哪些兴趣班，以及自己的学习计划和预期目标等，只要以商量的态度与父母交流，动之以情，晓之以理，很可能会获得父母的理解。

在一切都沟通好之后，我们就可以根据自己的想法选择一些兴趣班，好好学习。如果自己面对铺天盖地的兴趣班，觉得难以选择，或是自己也想培养一些以后进入社会必备的生存技能，但一时又没有什么主意的时候，听听父母的经验和教诲，让他们引导一下也是很好的。

抱着这样一种心态，好好与父母协调和沟通，我们才能合理地进行选择，让兴趣班成为唤醒我们学习潜能的场所。

态度是培养学习力的关键

培养学习力的另一个关键因素就是学习态度，没有积极的学习态度，学习就很难取得好的效果。我们要努力学习，但在学的过程中也要讲究学习态度，如果总是精神涣散、注意力不集中，总是抱着无所谓的态度，总是为自己寻找各种各样偷懒的理由，那么，学好几乎是不可能的事。

⊙专注程度决定学习效率

如果你看过动物世界而又细心观察，可能就会知道，猎豹和老虎在每次捕食的时候总是会先确定一两个目标，专注地盯着确定的目标，然后奋力追赶，轻易不会转换。我看过一期节目，里面讲的是一只猎豹扑入羚羊群中，盯住一只未成年羚羊穷追不舍，追逐的过程中掠过其他羚羊身边也毫不停留，只盯着最初的那只羚羊，直到最后把它变成自己的囊中之物。猎豹无疑是聪明的，因为它知道追逐一番后，自己和被追的羚羊都已疲惫，而其他羚羊则相对轻松，如果中途转换目标，自己就很容易被其他羚羊甩掉，所以它一直盯着最初的目标，直至把猎物捕获。

猎豹都懂得专注的重要性，人也应如此。人如果能保持专注的态度，心无旁骛地追逐自己的目标，就很有可能实现它；如果缺乏专注的精神，即使立下凌云壮志，花费很多精力，也难以有所收获。

我们都知道，在有太阳但阳光不是很强烈时，我们并不会觉得很热。但如果用一面放大镜凝聚太阳光，就可以点燃纸张，它的穿透力甚至可以切断钢板。这就足以说明，虽然分散的太阳光只有极少的能量，但如果把它们凝聚起来，则可形成巨大的能量。

我们在学习上也是一样，只有将精力集中起来，学习才更有效果，倘若精力涣散，注意力不集中，即使花费再多的时间也难以学好。在学习过程中，注意力是打开我们心灵的门户，只有这扇门户彻底打开了，我们才能提高学习效率，学到更多知识，真正提高学习的能力。而如果注意力无法集中，也就相当于关闭了知识进入的通道，这样又怎么会有学习效率呢？在同一个班级里，同样的老师授课，同样的上课时间，有的同学效率高，能较快较好地掌握知识点，而有的同学效率则很低，老师讲的内容也很难吸收。这可能有智力因素的原因，但在很大程度上也与注意力，也就是听课的专注程度有关。

根据多年的教学实践，我罗列了同学们上课时容易出现的9种不专注的现象，你可以看看自己身上有没有这些问题。

1．上课睡觉。

2．与周围同学交头接耳。

3．做其他课程的作业或是看与当堂课无关的书。

4．玩手机，或是听MP3、MP4。

5．上课偷吃东西。

6．很容易被周围的同学或是教室外的情景影响，喜欢东张西望。

7．表面上盯着书本，心却不知飞到哪里去了。

8．坐得很不安稳，在座位上动来动去。

9．思路不能跟着老师走，不积极配合和响应老师的要求。

如果你在上课的时候有上述表现，就说明你的专注程度不高，应当努力改进。基础差、听不懂老师讲课，这绝对不是上课不能专心的理由；性格好动等也不能成为不专注的借口。只要你不为自己的不良行为找借口，这些都可以通过努力改变。想要提高专注力，我们需要在以下这些方面加以注意：

首先，给自己积极的心理暗示，多想想事情的重要性，并以此激发自己的热情和探索欲望。

其次，净化内心，排除外在的影响和干扰。要保持专注，就要摒弃浮躁，给自己营造一个宁静的内心环境。而当我们发现自己的思想在不自觉开小差或是内心不安时，就要凭借意志力来排除干扰，集中注意力。

另外，我们还可以利用一些方法来训练并提高自己的专注力。例如，我们可以尝试着借鉴国际射击、射箭高手的一个训练方法：找一张白纸，画一个小小的黑点，然后全神贯注地盯着它看，看的时候关键是把黑点看大，其余的事情不要多想。可能刚开始时，一些人持续不了多久就会感觉眼睛疲劳，但如果坚持练习，相信大家能持续的时间就会慢慢增加，经过一段时间的练习，我们的专注力可能就会有较大提高。

此外，我们还可以利用一段时间来集中训练自己集中精力做事的能力。比如可以规定自己在5分钟之内写多少个字或读多少个字，中间不可以读错或写错，错了就要重新开始，这样经过一段时间的训练，我们的专注力也会得到提高。

爱默生说："一心向着自己目标前进的人，整个世界都给他让路。"不管做什么事情，只有你明确目标，并且专心致志、聚精会神地去做，才有成功的可能。

⊙摒弃学习中无所谓的态度

"你看，隔壁李阿姨的女儿每次考试都得第一名，你看看你，也不学学人家！"

"你怎么每次考试都要拖班级的后腿，就不能用功点好好学吗？"

"你怎么总是这么粗心大意呀，都说多少遍了，总是没记性。"

……

这些话你是不是也听过很多遍呢？当面对父母和老师的指责时，你是怎样的心态呢？是无奈地回应着，然后又满不在乎地我行我素，还是聆听长辈们的教诲，总结自己的不足并努力改正呢？如果是前一种态度，你就得反思自己了，因为你缺乏获得成功的欲望，而缺乏这种欲望的人自然是很难成功的。

缺乏成功欲望的人，会觉得外界的一切情况都与自己无关，他们对什么都持无所谓的态度，只知道逍遥自在地过自己的小日子。这样的人往往缺乏进取心，于是缺乏奋斗的动力，所以不会积极努力地学习。

曾有人说："当你感到塑造自己的力量推动你去翱翔时，你是不应该爬行的。”如果你渴望取得好成绩，你就会对自己提出更高的要求，并为这一目标而不懈努力。一旦这种对成功的渴望消失了，你可能就会对任何事情都抱着无所谓的态度。

有一位成绩平平的高中生，他的梦想是考上清华大学。他虽然知道自己离梦想有些遥远，但总在内心告诉自己，梦想一定能实现。他的方法是每天在清晨醒来时对自己说："今天要为考上清华而努力学习。"而晚间入眠前，则告诉自己："真好，今天为上清华的梦想做了许多努力。"

这样一种暗示，经过长久的积累，转变成男孩心中的信念，并迸发出无穷的力量，激励着男孩不断进步。从普通到优秀，男孩最后终于实现了"清华梦"。

分析男孩一路走来的经历，不断支持他的就是一种对成功的渴望。这种信念虽然无形，却有着巨大的力量，能推动着我们不断地完善和塑造自我，最终将我们送到理想的彼岸。

很多时候，我们之所以一直原地踏步，正是因为身上缺乏这种自我激发的力量。其实，只要激发起这种对成功的渴望，那么你自然而然就能充满力量，不断挖掘自我潜能，超越自我而成就卓越了。

不过，我所说的激发成功欲望并不是要求大家贪得无厌，而是要根据自己的实际情况，适时地调整自己的"心灵地图"，为自己的每个阶段都定一个合乎实际的进取目标，激发自己的潜能。

⊙学习贵在有目标、有计划

经常有同学向我诉说这样的困惑：自己是一个在学习上很勤奋好学的人，不仅上课认真，课后勤预习和复习，在课余时间也爱好学习，对各种能提高自己能力的知识都很感兴趣，所以报了很多兴趣班和补习班，但到最后发现自己学到的东西并不多，学习效率也不怎么高。

这些同学的想法和学习态度都是好的，可为什么最终都事与愿违了呢？通过进一步的了解，我发现他们身上都存在一个共性，就是缺乏明确的学习目标和计划。我们说做任何事情都要一步一步地来，知识也要有计划、有目标地去积累，因为我们的精力毕竟有限，一个什么都想学的人，最后往往什么都只学了一点，什么都学不成。

一位教育学家指出："你的周围有一个浩瀚的书刊海洋，要非常严格而慎重地选择阅读的书籍和杂志。爱钻研和求知欲旺盛的人总是想博览一切，然而这是做不到的。要善于限制阅读范围，要把精力和时间放在最值得学习的知识上。"在如今这样一个知识爆炸的时代，一个人很难做到无所不通，我们在学习过程中，一定要学会有所选择，根据自己的兴趣和目标选择合适的学习内容，然后再制订一个详细、具体的计划。

为了更好地构建你的知识大厦，使你的学习变得有目标、有计划，你应该坚持这样一些原则：

第一，目标明确。在现在知识分类愈来愈细的情况下，一般人不可能同时在许多领域中都取得出色的成就。我们应该根据自己的兴趣特长和人生规划来积累知识。因为积累的知识太杂，往往会淹没学习的重点，不仅浪费精力，也很难有好的效果。有句名言说得好：什么都想知道，结果什么也不知道。学习要有明确的目的性，这是至关重要的。

第二，认真筛选。例如对于现在的一些课外书，我们要根据自己的需求，有选择地去阅读和学习，不能贪多求全。

第三，统筹兼顾，摘录和记忆一些对自己有用的知识。这就是说，我们在学习的时候不能死记硬背，而是要灵活掌握，注重某些知识给自己的启发，在发现有价值的东西时，及时记录下来，比如我们在读书看报时遇到自己感兴趣或是对自己有启发的内容时，可以把它们摘抄下来，做成知识卡片，以便以后的运用。

第四，要保持终生学习的姿态，时时注意知识的更新。

学习贵在有目标、有计划，制订合理而有效的学习目标和计划，我们的努力才有所依据，我们才能调动自己的全部热情，鞭策自己一步步前行，这样，我们主动学习的能力和学习的效率才能提高。

⊙别给自己找借口

“崔老师，听了你的课我很受启发，可是我已经读初三了，现在才开始努力是不是有点晚了，我现在还能不能学好啊？”

“其实我一直都想好好学习的，可是我周围的同学总是影响我，不是上课找我说话就是平时总找我玩，害得我没有多少时间学习！”

“我学习已经很努力了，但就是学不好，这可能跟先天遗传有关系吧，我父母就不是很精明的那种，也没什么文化……有时候学习上遇到难题，我都不知道向谁请教。”

……

一次讲座结束后，同学们围住了我，诉说着自己在学习方面遇到的问题。可在我看来，只要主动、用心地学习，这一切都算不了什么。学习是我们自己的事，学习中遇到的困难也要靠我们自己克服，只要你是真心想学，就没有什么能阻挡你求学的脚步。古人晚上没有灯光看书时还“凿壁偷光”“囊萤映雪”，为了争取更多的学习时间还“头悬梁，锥刺股”，相比这些，我们在学习过程中遇到的问题只是让自己松懈和偷懒的借口而已。

那些总是为偷懒找借口的同学，应该明确的一个重要问题是，学习是一件需要终生坚持的事情，是没有借口可言的。只要你想学，任何时候都不算晚，任何外界环境也无法改变你的心志。有这样一个故事：

日语学习班新一期开学报名时，来了一位老者。

“给孩子报名？”登记的老师问。

“不，自己。”老人回答。看着老师惊愕的表情，老人解释道：“我儿子在日本找了个媳妇，他们每次回来，说话叽里咕噜，我听得着急，想能够与他们交流。”

“您今年高寿？”登记的老师问。

“68。”

“您想听懂他们的话，最少要学两年，可两年以后您都70了！”老师微笑着说。

老人笑吟吟地反问：“姑娘，你以为我如果不学，两年以后就是66吗？”

我们总因为开始得太晚而选择放弃。殊不知，只要你决心开始，就永远不算晚。不管我们对学习抱着怎样的态度，明年我们同样增加一岁，可是在这一年中，有人有收获，有人依然一无所得，差别在于你是否真的用心去学。

有些同学总是抱怨自己的学习条件不好，比如身边的朋友总是拉自己玩、自己的父母不能很好地指导自己、自己先天不够聪明等，这其实还是在为自己不努力学习寻找借口。不是同学总拉你去玩，而是你自己学习的意志力不够坚定。如果我们在遇到问题时能先从自身找原因，能静下心来学习，外界环境就很难打扰到你。

至于那些说自己天资不够聪明，父母不能很好地指导自己学习的同学，更应该检讨自己了。我们说人的天资是有差异的，但成功的关键还在于后天的努力，“勤能补拙”“勤奋出天才”说的就是这个道理。有些家庭中父母的文化水平可能真的不是很高，但你别忘了，学习就是一个求教的过程，就是说你有什么学习上的困惑可以向老师、同学以及能给你答疑解惑的所有人请教，学习上不怕虚心请教，就怕不懂装懂，只要你时刻保持谦虚好学的态度，我相信任何人都不会吝惜指导你。

所以，如果你是真心想要好好学习，就放下那些冠冕堂皇的借口，学习不相信理由和借口，只承认踏实的努力和坚持！

学习的场所无处不在

有些人总是抱怨自己的学校和家庭环境不好，所以不能安心地好好学习。不可否认，对于学生来说，学校和家庭是他们成长的主要环境，但是，难道学习就只能在这两个固定的场所进行吗？其实不尽然，只要你想学，学习的场所无处不在。

⊙心在，学习的场所就无处不在

我们现在的基本学习模式是“5+2”，就是说我们在一周内有5天都是去学校学习，而周末的两天则在家学习或娱乐，所以，学校和家庭是我们学习的主要场所。对于这些传统的学习场所，大家都是比较熟悉和了解的。

学校是我们学习的重要场所，在读书阶段，我们每周的大部分时间都在学校接受教育，这里能让我们系统、全面地接受专业的教育，逐步培养和提高自己的学习能力，这是我们在学校的学习。

在家里做作业、预习和复习、看书、接受父母的课后辅导，这是我们在家中的学习。

我们倾听长辈们的言传身教，潜移默化地学习或影响他人，在观察和思考的过程中不断完善自己的品质和教养，这是我们在社会中的学习。

我们欣赏着优美的风光，赞叹着祖国的大好河山，进而想起与这些美景相关的名人事迹和诗句，引起对人生许多问题的进一步思索，这是我们在旅途中的学习。

我们在遇到自己不懂的问题时去网络上查找资料，在欣赏影片的过程中不断增长自己的见识，等等。可见，学习随时随地都在进行，只要我们想学，学习的场所就无所不在。

环境对学习效果虽有一定的影响，但并不是最主要的。有优越的学习环境固然好，但它并不是我们学习过程中必备的因素，而且有些知识在某些固定的场所中是学不到的。所以，学习的关键还在于用心程度，如果你用心了，就不会花很大精力注意你的学习环境。毛泽东在就读于湖南第一师范学校时，为了锻炼自己的意志，培养自己的静心和恒心，还每天故意让自己坐在闹市口看书。在那里，环境不仅没有制约他的学习，还成了磨炼他的因素。

因而，在学习上出现问题的时候，你首先要做的就是反省自己，从自己的学习方法和学习态度上总结原因，而不是归咎于外界环境。

⊙E时代中，学习渠道更多元

“崔老师，原来你也有不懂的问题啊，那你可以上网百度一下，总有高人能指点你的。”

“网上有这方面的电子图书，应该对你的思考有帮助。”

当在生活中遇到一些疑惑而无法解决时，很多同学总会给我提出这样一些建议，而我也经常通过网络这个平台获得很多启发。

随着计算机技术和多媒体技术的发展，网络已成为人们生活中不可或缺的一部分，由此，网络学习也受到不少朋友，尤其是青少年朋友的追捧。的确，利用好互联网这个强大的学习工具对我们的学习很有帮助，它有着传统学习场所不可比拟的优势。

首先，网络这个虚拟的社会环境突破了时空的限制，让我们可以随时随地学习。我们都知道学校上课有固定的时间和场所，在这里学习你要遵循一定的纪律，在家学习也是如此。网络学习则打破了这种限制，即使我们足不出户，通过网络的远程教育平台和电脑课堂也可以向全国各地的专家请教，在网上进行互动和学习。

其次，网络学习平台提供了丰富而多样化的学习内容。我们在学校的学习主要是通过书本阅读和聆听老师讲课来获得知识，但在网络学习平台

中，多媒体技术综合运用文字、图像、声音等手段，使课本上一些枯燥的知识变得趣味横生，而且内容也显得更全面和新鲜。

再次，网络学习给了我们更大的自由空间和自主性。在这里，我们完全可以根据自己的学习能力、自己已经掌握的知识、自己的兴趣和学习时间等选择自己要学的内容，一旦遇到难题，可以毫无顾忌地发问，直到弄懂为止，不再担心与老师面对面交流时的胆怯和拘谨。

这些都是网络学习的优势和益处，但它同时也存在着不少问题，比如网络安全、网络上一些不良信息对我们身心的危害等，这就要求我们在进行网络学习时还应掌握自我管理和自我约束的能力，获取信息后进行正确评价和处理的能力，在网络交流和协作中维护自己隐私和自身权益的能力等。

置身于青少年群体中，我发现几乎没有一个人是不看影视或不谈影视的，在青少年中流行的很多词汇和经典句子也有些来源于影视。当今的科技飞速发展，仅仅通过书本进行学习是不够的，影视作为我们接触得较多的传媒，也能成为我们学习的平台。

可能我们的家长和一些同学都担心看电视会影响学习，但其实影视和学习的关系应该辩证地看待。和网络学习一样，如果能合理安排，利用好影视平台，我们也能收获不少知识。

中学生可以适当地看一些富于教育性、知识性的影视节目，这可以拓展我们的视野，增长我们的见识。新闻类节目让我们坐在家中就能了解外界的信息；知识教育类的电视节目能丰富我们的知识，启发我们思考或帮助我们解决一些问题；探索类的电视节目则能激起我们的好奇心和探索欲……只要合理利用这些资源，我们就能在平时的生活中轻松地积累知识。

而且，影视以图文并茂的形式将原本枯燥乏味的内容展示得生动而有趣，这也有利于我们的学习。与以文字为主的书本相比，影视传播的方式更具感染力，它们通过精彩纷呈的画面、优美动听的音乐、逼真的表演等给我们带来了视觉和听觉的双重刺激，不仅可以增强我们的学习兴趣，还能帮助我们更好地理解和掌握知识点。比如学历史，很多同学的学习方法就是背课本，其实这不仅记不牢，还容易让人产生厌烦情绪，但如果在尊重历史的基础上把课本上的知识用影视的形式表现出来，学生理解和接受起来就比较容易，而且印象也会深刻很多。

我们可以在欣赏影视的过程中获得一定的知识，但这是有前提的，即你要能自主地掌控自己的行为，能够合理安排自己的作息时间，而且对影视内容要做出正确的选择和评价。如果你无法完全做到这些，那么影视对我们学习的积极作用就不复存在了。比如现在的一些同学总是沉迷于影视，不上课的时间几乎都坐在电视机或电脑前，这样不仅容易使眼睛疲劳，而且还会浪费学习和思考的时间，影响我们的学习。

其实，在当前信息多元化的时代，网络和影视对我们学习和成长的作用就像一柄双刃剑，如果利用好了，我们就能借助它们来丰富自己的知识，更好、更快地成长；如果利用不好，它们就会成为我们成长道路上的绊脚石。要解决这一问题，关键还是看我们掌控自身的能力，因为每个人都必然会经历一个学习和成长的过程，只有控制自己向好的方面发展，才能不断进步。

学不好，只因方法不对

“学习真辛苦啊！我真想知道这世上到底有没有不花力气就学出好成绩的办法？”

“应该是没有吧。老师不是说了吗？天下没有免费的午餐，想不劳而获是不现实的。”

“不是吧，我觉得应该有，不信你看看我的同桌，他在学校也不见得比我用功多少，放学后还去打球、健身什么的，他能花多少时间在学习上？可是他的成绩总是排在班级前列，学习上肯定是有捷径可走的。”

在一次培训的间隙，我听到几个同学在讨论这个问题。

有不花力气就学出好成绩的办法吗？答案肯定是没有的。即使是我们现在所倡导的轻松学习，也绝不是不费吹灰之力就能做到的事。要想让学习不花力气，想要学得轻松，唯一的途径就是借助适当的方法，让学习事半功倍。我常给我的学生讲，想要轻松学习，一是要对学习有兴趣，二是要掌握好的学习规律和方法，如果这两点都做到了，那本来枯燥困难的学习也会变得轻而易举。学习兴趣的问题前面已经谈过，下面就具体来说说学习方法的问题。

⊙三种经典的学习方法

在培训的时候，总有一些同学向我询问提高学习力的最佳方法。在我看来，保持高效的学习法，应该坚持共性和个性的统一，这就是说，我们在学习的过程中，一方面要采用那些能提高学习力的普遍方法，如根据身体条件和记忆规律制订学习计划、合理安排作息时间、养成课前预习课后复习的习惯、在头脑中形成知识结构图等；另一方面，我们应该根据自身的特点，采用适合自己的个性化方法，养成自主学习的习惯。

我挑选了几种被专家和学者推崇的较为有效的学习方法，供青少年朋友参考：

1．快速学习法

当今社会，新知识层出不穷，传统死记硬背的学习方法肯定会限制我们对新知识的汲取，而快速学习法可以帮助我们以高于常法5倍的速度灵活、迅速地掌握新知识。

人们都有这样的经验，一件难记的事情或一道难解的数学题，若是有意识地向别人讲述几遍，就能大大加深印象，易于记忆或理出头绪。这是因为当你在向别人讲述这些内容的时候，大脑一直在紧张地活动，这个过程就是知识在大脑中不断系统化、清晰化的过程。经过多次表达讲述之后，你所讲述的内容也就得到了反复的强化，进而被彻底吸收和掌握了。

快速学习法正是根据这样的原理展开学习的。在使用这种方法学习时，先不求完全理解，也不要听别人的讲述，拿到教材后，直接根据书前的目录，回想自己已经掌握的同类知识，然后再打开书本，进行第一次通读。这次通读只要求你在自己的头脑中形成关于这本书的内容的大致印象，不记笔记，也不用深入思考或与人讨论，只要将自己不甚明白的地方标记出来就可以了。然后在自己的头脑中形成关于本书的一个大概的知识结构，这样，自己头脑中原本掌握的知识就会渐渐清晰起来，印象也会有所加深。接着，你可以进行第二遍、第三遍通读，进一步明确知识结构，加深印象……经过这样的反复阅读，你就能较好地掌握这些新知识了。

2．锥形学习法

锥形学习法是一种需要保持精力高度集中的学习方法，这种方法的主要内容就是根据你的学习目的，在一段时间内专门攻克一门学问，不涉及其他的问题。在学习过程中，我们所要掌握的那门学问就像是锥尖，而我们的精力就像是推动锥子前进的作用力，只有坚持向着一个目标持续地用力，锥子才能不断往深处钻进。这个原理用生活中一个浅显的例子就可以表明：烧一壶开水，如果断断续续地烧，可能1万斤柴也烧不开；如果连续烧，可能两三斤柴就够用了。

这种学习方法是我们在日常生活中汲取知识的有效方法，它要求我们在学习前有一个明确的选择，选择那些对自己有用的知识，循着自己的目标持续学习，不断积累和提高。

3. 螺旋上升式学习法

这种学习方法也就是我们通常所讲的有计划、循序渐进的学习方法，是以我们所感兴趣或想研究内容的某个点为目标，从这个点出发，围绕着中心内容展开学习，了解和掌握与中心内容有直接关联的基本知识，然后了解那些与中心内容关系不那么密切的知识。经过这样一个阶段的学习，我们不仅能领会这个知识点的基本内容，还能了解与所学内容有关的知识领域。在这一循环的学习过程中，我们还会遇到新的概念、新的问题，然后再以其为新的起点，进一步循环，进一步学习，进一步开阔视野。

这三种方法在一些同学看来，可能有些抽象，但正如我前面所说，好的学习方法并没有既定的模式，只有选择适合自身特点的方法，才能取得最佳的学习效果。

⊙阅读和思考——学习的通用法则

学习离不开阅读和思考，提高阅读和思考的能力对于我们培养学习力是至关重要的。有些同学的语文和英语成绩总是不怎么理想，直接原因就在于阅读理解的能力不强，而最根本的原因就是没有将阅读和思考结合起来。我现在针对培训中一些同学咨询的问题，作一些解答。

要提高阅读能力，首先就要了解并掌握科学的阅读方法。我们平时用到的阅读方法主要有略读、精读、默读和摘抄评论。

略读这个方法我们在上课的时候经常会用到，具体来说，略读就是扫一眼关键部分，有个大概印象，一般是根据你在课内学习或写作上的某种需要，有选择地阅读相关文章或内容，以便学以致用。

精读就是对书报上的某些重点文章，集中精力、逐字逐句、用心地阅读和思考。人的阅读能力多是通过精读培养的。特别值得注意的是，精读不仅只要认真地读就可以了，还要做到全身心投入，要调动各个器官，做到口到、眼到、心到、手到，可以边读、边想、边抄录并作批注，只有全方位调动自己身体的积极性，才能逐渐养成认真读书的习惯，逐渐提高阅读效率。

至于默读法，就是在心里读，不发出声音，只是快速地了解书报的大致内容。这就要求在快速的浏览中集中注意力，快速地处理和消化信息。利用这种方法，可以提高阅读的速度，做到用最少的时间获取尽量多的信息。

而摘抄评论就是在阅读的过程中根据自己的需要，将有关的词、句、段乃至全文摘抄下来，或在阅读的重点、难点部分画记号、作注释、写评语。俗话说："不动笔墨不读书。"文章中富有教育意义的格言警句和精妙生动的词句、段落等都可以摘抄下来，存进自己设立的"词库"中，为以后的写作做准备。

一些同学在阅读中可能会有这样的感受：有的时候书是读了，可感觉读了跟没读一样，一点效果都没有。出现这种情况的原因就是你没用自己的脑子去阅读，没有思考，就只是为了读书而阅读。读书不只要靠眼睛和嘴巴，更要带着脑子去阅读，这就是说在读书的时候要主动思考。拿着书逐字念，那是一种机械的行为，最多只算是认字，而不是阅读。要想读书，想提高阅读能力，就要会读书。用前面我说的几种阅读方法再加上自己的主动思考，你的阅读就会变得更有效率。

有些同学反映说自己的阅读理解能力没多大问题，可是自己的朗读能力很差。后来我就问他们："你读书的时候一般是怎样读呢？"他们说自己的基本阅读方法就是眼睛看，心里跟着读。永远只在心里默读，这可能就是这些同学朗读能力不佳的原因，所以我建议他们下次看书的时候，不妨换个方法，在读课文、读故事的时候大声朗读出来。如果在第一次读文章的时候有磕绊的情况也没有关系，多读几遍，尽量选择自己比较熟悉、简单易懂的读物，在阅读的过程中认真解析文章的大概意思，甚至可以在笔记本上或书报的空白处记下你阅读时的感受，这样不仅你的朗读会慢慢变得流畅，你的阅读理解能力也会有所提升。

还有些同学询问我，在阅读的时候应该借助什么类型的书来提高阅读理解能力。其实对这类书的选择并没有什么特别的要求，只要是适合你阅读和理解的书就行，但要保证书中至少有90%的字词你都能认识并知道是什么意思。如果在阅读的过程中你总是要为了搞清楚字词的意思而停顿，就很难集中注意力去理解文章的内容和思想了。

我们在学习的时候总是强调边读边想，这就是要求我们将阅读和思考紧密结合起来，只有做到眼到、口到、心到，全方位地调动自身的积极性，我们才能发挥自己的潜能，从而提高自己的阅读能力。

⊙学习中不可不问——没有问题的人很有问题

一位同学在向我咨询时说出了这样的心里话：“我现在上语文课的时候觉得很有压力，因为我们今年刚换了个语文老师，他上课的时候总喜欢提问，每堂课上还会留一些时间解答同学们的疑问。我上课不喜欢回答老师的提问，也没有什么问题要问，习惯默默学习，但我觉得自己的能力还行，一般遇到什么不懂的问题我几乎都能想到解决方法，所以就很少问老师和同学。可是现在，看着一些同学在语文课上有那么多问题问老师，而且他们最近都进步得很快，我的心里就有些不平衡了，也许这个老师就喜欢这样的学生，在课后还会特别指导他们。但我还是想不到能问的问题，有时候有疑问了又觉得不好意思问老师。崔老师，您觉得我是不是有问题啊？”

后来我就跟这位同学说：“你能认识到自己的问题是好事。要提高学习能力，贵在提问。善于提问其实就是善于发现问题，我们在学习上的提问其实也就是检查自己对所学知识点的掌握程度，只有先发现自己没有掌握的内容，才有可能进行巩固和提高。你在学习上真的没有疑惑吗？你可以先想想这个问题，然后再从自己身上找一下原因。”

一个人即使能力再强，在学习的过程中也不可能没有疑问。这位同学在学习过程中不是没有疑问而是缺乏发现问题的能力，这不仅是有没有好奇心的问题，更主要的是关于是否进行主动思考的问题。

是否善于提问，其实可以检验一个人学习是否主动。如果能主动提出一些切中要害的、具体化的问题，首先就说明他确实在用心地学习，其次还表明他在汲取书本知识的同时，有开动脑筋进行思考。这些都是积极主动学习的表现。那些总是被动接受知识而不去思考的人则很少有疑问，即使有，也多半是些很没有价值的基础类问题或者是大而空的问题，比如：“老师，这道题怎么解？”或者：“老师，为什么作者要这么说呢？”在学习的过程中，这些其实不是真正的问题，而是懒于思考的表现。

学习中不可不问，因为发现并提出问题本身就是学习和思考的过程，而且也是学习进步的必由之路。我们的学习过程就是一个由不了解知识、提出疑惑到向书本和别人请教再到掌握知识的过程。只有及时解决自己的问题，才能弥补自己在知识掌握中的薄弱环节，从而全面掌握所学知识。

清代学者陈献就曾经说：“学贵有疑。小疑则小进，大疑则大进。疑者，觉悟之机也。”他把能否发现和提出问题看做是进步的起点，这是很有道理的。假设一个人的潜能有十分，如果你只能发现一个简单的问题，你就只会调动其中两三分的潜能，这样你的进步自然有限。但如果你能发现一些有价值的、大的问题，你就会努力动用八九分的潜能，这样一来，你的进步自然也会更大。我们所知道的那些科学领域的发明创造就多是由这些大的、富于启发性的问题引起的，比如牛顿从对苹果落地现象的思考和追问中开始探寻万有引力定律，而瓦特能发明蒸汽机也是源于对水蒸气为何能顶开壶盖的提问，等等。

对于那些不善于发现和提出问题的同学，我想给出一些帮助改进的建议：

首先，要对学习保持实事求是的态度。无论在什么时候，遇到什么样的难题，都不要不懂装懂，而要大胆地说出来，如果你每次总能及时地解决自己的疑惑，你懂的知识就会越来越多。

其次，发现和提出问题是与思考紧密联系的，养成提问的好习惯，也就是要随时随地地思考和提问，在学习上坚持积极主动的态度，在有疑惑的时候，我们不仅可以问老师、同学、家长，还可以问其他一些能解答我们疑惑的人。一个人的智慧有限，但很多人的智慧就会很强大，只要你始终保持探索的欲望，就会有所进步。

再次，我们在学习的过程中也不能为了提问而提问。提问的目的是促进学习，你可以根据自己已经掌握的知识的情况，利用观察法和联想法，对自己所学的知识进行发散的思索和扩展，在这个过程中，你思考了但还不明白的问题就可以请求别人帮助。如果你想要在学习上取得更大的进

步，还要善于总结自己在一段时间内的疑难问题，及时记录下来，以后遇到类似的问题就可以快速查询，这样原本积累的知识也会得到巩固。

有些人是不善于发现和提出问题，还有一些人是有问题但是不敢提问。不敢问的人，在遇到不懂、不会的题目时，总是把它们放在那里，结果问题越积越多，学习也就越来越跟不上了。这一方面有懒惰、学习不积极的原因，另一方面可能还有性格上的原因，害怕提问会让人笑话。如果是前者，你就得好好端正自己的学习态度，要是还听之任之，你的思考能力可能会退化，你的学习也会越来越被动；如果是后者，你也需要调整好自己的心态，拿出提问的勇气来。常言道，学无止境，任何知识都是开放的，善于从自己已经了解的知识中引出自己未知的知识，并且提出来，这本身就是具备学习能力的一种表现。我相信，只要你敢大声说出来，大家不仅不会觉得可笑，还会跟你一起思考。

⊙善读“有字之书”和“无字之书”——将学习与实践结合起来

我们前面提到，学习的场所无处不在。在学习的过程中，通过阅读书本，我们可以学习前人积累的知识和经验，并加以借鉴和总结，避免走弯路，但有些时候我们还要善于走出这些有字之书，通过自己的实践去更好地认识和了解世界。只有把书上的知识运用到实际中，在生活中验证你在书本上所学得的知识，一边读书一边实践，我们才能积累到更多的知识。

我们经常听到这样一句话：知识并不等于能力。时代发展的要求迫使我们不得不重新审视学习知识与掌握能力的关系。培根那句“知识就是力量”的名言众人皆知，但很少有人注意到他在这一名言后，还明确地提出“各种学问并不把它们本身的用途教给我们，如何应用这些学问乃是学问以外的、学问以上的一种智慧”。这也就是说，有了同等知识，并不等于有了与之同等的能力，掌握知识与运用知识之间还有一个转化的过程，也就是学以致用的过程，只有将学到的知识和实践结合起来，才算真正掌握了知识。否则，就会出现这样的笑话：

有一个人进城去卖竹竿，可是在他要进城门时，却发觉竹竿横竖都不能进入城门，他因此非常气恼。

这时走过来一位读书人，这位读书人为他出了一个主意，让他把竹竿从中间折断，这样就能进城了。

事后，这位读书人还非常谦逊地说："吾非智者，无非见者多矣。"

稍微有点生活常识的人都知道，这横竖都进不了城门的竹竿，只要与地面平行地拿着，就可以进入了，而这读书人竟闹出这样的笑话。

学习知识是为了更好地利用知识，如果有知识而不知应用，那么拥有的知识就只是死的知识。它们不但没有一点益处，有时还可能有害。所以，我们在学习知识时，不但要让自己的头脑成为知识的仓库，还要让它成为知识的熔炉，让所学知识在熔炉中被消化和吸收。而将知识化为己用的最好方式就是多参加一些能学以致用的活动，提高自己运用知识的能力，使学习过程转变为提高能力、增长见识、创造价值的过程。例如，我们在学习生物中，课本上会有一些生物的活动特点和规律的知识，我们便可以通过自己的观察验证这些知识，而且还可以通过这一过程，加深自己对课本知识的理解，这其实是一个相互促进的过程。

不懂知识就盲目地实践，肯定会撞得头破血流而收获甚少，照搬知识而不知变通的人，就只能做知识的奴隶，只有把两者的关系调整到最佳位置，我们才能发挥出最大的潜能和力量。

在失败中不断提高学习力

世界上许多事都不可能不劳而获，学习也是如此。每个人总得为自己的成长交一些学费，这不单指上学要花的费用，还有在失败中历练的投资。但是，怎样处置你所交的“学费”，关键还在于你自己。如果你能“吃一堑，长一智”，从失败中总结经验教训，找到自己的成功之道，而不是照搬别人的成功经验，你就能避免交一些不必要的“学费”。

⊙不要凡事都照搬经验

“我的老师和父母都是这样做的，被那么多前辈验证的事情肯定是正确的。”

“你父母吃过的饭比你喝过的水都多，走过的桥比你走过的路还多，你还是乖乖听他们的话吧，他们有经验。”

“看看，不跟我这经验丰富的人学，自己瞎琢磨什么呀，费了这么多时间。”

在成长过程中，我们经常会听到这样的话，我们的一些长辈常常以权威或者经验的名义要求我们遵照一些既有的知识和常规的处世方式行事，如果我们不照做，失败后可能就会招来更多的批评。

所谓经验，就是从已经发生的事件中获取的知识。我们的成长其实就是一个不断累积经验的过程，从幼年到青少年直至成人，我们所看到的、听到的、亲身经历和感受到的一切现象和事件都会进入我们的头脑，经过一定的加工改造后，便会逐渐成为我们自己的经验。

经验是人类文明延续的基本方式。我们现在学习的各种各样的书本知识就是我们的前人或者同时代的一些人智慧和经验的结晶。这些经验为我们的学习提供了便利，让我们不用事必躬亲就能获得知识，从而节省了很多时间和精力，也少走了许多弯路。在生活中，我们也常常借助经验来判断和处理问题，就像你选择了一条去学校的路并且经常走，你就会走得很顺畅而且肯定不会迷路一样，只要具有某一方面的经验，我们再处理起问题来就会觉得得心应手。

可以说，我们几乎是生活在一个经验的世界里，很多事情都要仰仗既往的经验。那我们是不是就该做任何事都依赖经验呢？当然不是。因为每个人的个性特点和具体情况都是不一样的，适合别人的经验未必适合自己，我们不能凡事照搬别人的经验。前段时间看到报上登了这样一则信息：一个高三女生照搬高考状元的学习经验而患上了焦虑症。这个女生以前的成绩也是中上水平的，在一次高考状元讲座上得知别人能考高分是因为抓紧时间刻苦学习，每天只睡三个小时的觉，她没有考虑自己的实际情况，就生搬硬套地把这一学习经验用到自己身上，结果由于精神高度紧张，患上了考前焦虑症。这个女生的失败就是因为一味照搬别人的成功经验而没有考虑自己的实际情况。

照搬经验对我们的学习是很不利的，因为你一旦对经验形成了依赖和崇拜心理，思维就会变得僵化，这样，你在遇到一些以前没有遇到的学习难题时，就很难想出新的解决方法了。我们都知道，学习是一项创造性的活动，是需要我们开动脑筋、积极思索的，只有不断思考、不断打破既有的思维模式，我们才会有进步。而且，在以后的学习和生活中，我们还将面临很多凭经验无法解决的问题，这时候，我们所能依靠的就是自己的实践和思考。

因此，青少年在学习的过程中，可以有选择性地借鉴一些成功的经验，但切忌不加思考地生搬硬套。要记住，只有在前人已有的经验中加入创造性的思考，这些经验才能更好地为己所用，才能对我们的学习发展真正起到辅助作用。

⊙总结教训，在失败中成长

还记得你第一次学游泳的情景吗？你是一跳进水里就像鱼儿一样畅游吗？当然不是。你会惊慌地扑腾，说不定还会喝不少水，但是，你最终还是在吸取教训中成长了。

成功是无数次失败后演绎的精彩，如果没有那一次次失败的洗礼，没有从失败经历中吸取的教训，你能如此珍惜和感激如今的成功吗？

有一句激励人心的话叫“失败是成功之母”，意思就是说，失败其实并不可怕，只要我们善于从中总结和吸取经验教训，它反而会成为我们的向导，指引我们走向成功。我们在阅读名人传记时，会发现很多人后来能有所成就，并不是因为他们具有超常的智力，或者有特殊的机遇和优越的条件，而是因为他们把失败看成是为自己成长而交的学费，不断在失败的历练中总结教训。

林肯是美国历史上最伟大的总统之一，他的一生就是在失败中成长的。他先后七次竞选参议员失败，期间又多次经商失败，当时的达官贵人们嘲笑他，认为他这样一定不会成功。但结果恰恰相反，林肯不仅成功了，而且干得非常漂亮。他成功的关键就在于善于从失败中吸取教训。在那些挫折中林肯学会了坚强，学会了勇敢，练就了缜密的思维与良好的口才，正是这些决定了他的成功。

在我们的生活中，总有那么一些人，他们确实经历了不少失败，但总是没什么长进。这是因为他们误解了失败与成功的关系。我们说经历失败会让人快速地成长起来，这是有一定条件的，是要在失败的过程中总结教训，把失败当做自己奋起的动力，而不是被失败吓倒或者对其听之任之，如果是那样，那不管你一生中交了多少这样的“学费”，你也不会有所长进。

有人曾经根据能否有效利用错误的价值把人分为4类。第一类人不能从失败中吸取教训，总是犯相同的错误，这样的人不可救药；第二类人虽然能够从错误中汲取教训，不犯相同的错误，但由于不能从失败中发现规律性的东西，所以总是犯不同的错误，这样的人也无可救药；第三类人能够从自身错误中总结出教训和规律，算得上是聪明人，但由于只能从自身的失败中进行总结，所以虽然能不犯相同的错误，却总是难免犯别人犯过的错误，这类人比第二类人稍微高明一点；第四类人既不犯自己犯过的错误，也不会犯别人犯过的错误，凡是别人的经验也成为他的经验，凡是别人的教训也成为他的教训，这类人属于聪明人，能在成长的过程中少走很多弯路。

同学们，你属于哪一类人呢？其实，要做怎样的人，怎样处置你所交的“学费”，关键还在你自己。如果善于从失败中总结经验教训，你就能少跌倒几次。

失败面前，我们首先要调整好自己的心态。要知道，失败并不可怕，可怕的是一次失败就摧残了你的意志，绊住了你继续前进的脚步。只有始终保持积极乐观的心态，我们才可能在失败中成长。

在失败中总结经验教训，就要学会寻找自己失败的原因，这就是说，我们需要反思自己的所作所为，看看是什么因素阻碍了我们的前进。只有弄清了失败的原因，我们才能有针对性地解决问题。在反思原因的时候，我们还应该想想，自己是不是因为这个原因犯过类似的错误，如果是，那就要加倍留心，因为这种原因可能已经固化成了我们的行为习惯。而因为同一原因而一错再错是很不明智的，套用古罗马时期的伟大哲学家西塞罗说过的一句话就是：“被同一块石头绊倒两次，可以说是奇耻大辱。”为了洗清这种耻辱，我们一定要有意识地纠正坏习惯。

总结经验教训不仅仅是想的过程，还需要付诸行动，那就是要积极寻找改正的方法，制订改正的计划，并努力做到最好。良好的行动力是我们解决问题的关键。尤其是那些缺乏行动力或自制力不强的同学，一定要提醒自己及时付诸行动，如果实在做不到，还可以请身边的人监督，帮助自己努力做到。

在失败中不断提高学习力是学习力培养中重要的一环，少了这一环，学习力的培养就无法真正契合我们的实际状况。既然如此，那就让我们从现在开始调整好自己的心态，学会从别人以及自己的失败经历中吸取教训，总结经验，避免花费那些不必要的“学费”吧！

名言修炼堂

1．要做到坚韧不拔，最要紧的是坚持到底。

——【俄】陀思妥耶夫斯基

2．提出一个问题远比解决一个问题更重要。

——【美】爱因斯坦

3．学问必须合乎自己的兴趣，方可以得益。

——【英】亚里士多德

4．光懂得深奥的道理是不够的，还应当善于运用它。

——【古罗马】西塞罗

5．天资的充分发挥和个人的勤学苦练是成正比例的。

——郭沫若

6．好奇的目光常常可以看到比他所希望看到的更多的东西。

——【英】莱辛

7．不下决心培养思考习惯的人，便失去了生活中最大的乐趣。

——【美】爱迪生

8．没有任何力量比知识更强大，用知识武装起来的人是不可战胜的。

——【苏联】高尔基

9．只要专注于某一项事业，就一定会做出使自己感到吃惊的成绩来。

——【美】马克·吐温

10．无论掌握哪一种知识，对智力都是有用的，它会把无用的东西抛开而把好的东西留住。

——【意】达·芬奇

打开心灵密码之学习力训练篇

在下面的选项中，选择符合你自身实际的一项：

1．你是否喜欢看报纸、杂志，而不管是不是看得懂？

A．经常。 B．偶尔。 C．从不。

2．你是否喜欢自己观察某一种东西，有时候甚至能持续很久？

A．经常。 B．偶尔。 C．从不。

3．你是否对新鲜事物总是充满好奇心，凡事都喜欢问“为什么”，而且能尝试着自己去进行探索？

A．经常。 B．偶尔。 C．从不。

4．你是否会定期制订学习计划，一旦制订了，就会照计划一步一步地进行？

A．经常。 B．偶尔。 C．从不。

5．你是否很愿意扮演各种角色，而且善于模仿别人的各种动作和表情？

A．经常。 B．偶尔。 C．从不。

6．对于自己曾经到过的地方或是读过的书，你是否总能记得比较清楚？

A．经常。 B．偶尔。 C．从不。

7．你能否根据兴趣爱好安排自己的课余生活，凡事都有自己的主见？

A．经常。 B．偶尔。 C．从不。

8．你能否在考试失利后尽快调整好自己的心理状态，总结经验教训？

A．经常。 B．偶尔。 C．从不。

9．你是否在看电视或读故事的时候，经常设想下一情节，在观看或阅读结束后，还经常会写些心得？

A．经常。 B．偶尔。 C．从不。

10．你能否准确判断自己能干些什么或不能干些什么，一旦认定了某事，就能坚持到底？

A．经常。 B．偶尔。 C．从不。

评分标准：

选A得3分，选B得2分，选C得1分。

测试结果：

10～12分：你的学习能力较弱，亟须加强学习力方面的训练。

13～22分：你具备一定的学习能力，但仍需提高。

23～30分：你具有很强的学习能力。

>>> PART 5

创新思维修炼

忽视创新思维修炼等于封闭了自己的成功之门。

本章重点：

培养创造力

创新思维一直以来都是教育者热议的话题，也是学生关注的焦点。但是对于它，我们的认识未必完全正确。记得我在一次中学生的培训班上谈起“创新思维”这一话题，很多人首先想到的还是牛顿、爱迪生、比尔·盖茨以及其他一些世界上著名的发明家和对社会变革作出重要贡献的人，仿佛创新是名人的专利，对自己来说是遥不可及的。这就是对创新的一种误解。

实际上，创新对于青少年来说并非遥不可及。任何创新都建立在现实基础上，只要秉持一种批判的继承观，拆掉思维里的墙，调动身上所潜藏的创新能量，积极用心思考，我们就能开启自己的创新思维。大胆去想，灵活去做，就能将创新思维化为创新行动，最大限度地开发自己的创造潜能，发挥自己的创造力。

创新并非遥不可及

创新植根于我们的现实生活之中，它并不是无源之水，而是在继承与颠覆的博弈中向着积极的方面不断前进。创新并不是伟人和名人的专利，每个人都有创造的潜能，只要我们能够用心观察自己的生活，积极思考，在平凡的生活中充分发挥自己的创造力，那么我们也可以进行创新活动。

⊙创新源于现实

谈到“创新”这个词时，很多人心里首先想到的总是那些在社会变革中作出重要贡献的科学家、发明家、艺术家及各种研究人员，却很少有人首先将之与自己的生活联系起来。的确，前面所说的人都是花费大量时间和精力进行创造性思维的人，他们的创新成果是有目共睹的。然而，我们更需要明白的是，创造性思考也可以成为普通大众的一种思维方式，成为我们生活中的一部分，因为创新源于现实生活。尽管我们中的多数人都是平凡而普通的，但都拥有思考的能力和创新的潜能。

创新并不是凭空想象而来的，需要在现实生活中留意观察和寻找。创新是我们在现实生活中思考的种子，在酝酿阶段毫不起眼，可一旦加入水、养分和阳光，就会生根发芽，生发出神奇的力量。

很多人都用过带橡皮头的铅笔，它的发明灵感就来自于生活，目的也是为了使生活更方便。它的发明者李卜曼是美国一个技艺平平的穷画家，平常做事时总是丢三落四，就连绘画时也不例外，常常是刚刚找到铅笔，又忘了橡皮放在哪儿。为了方便，他就把橡皮用铁片固定在了铅笔上。由此，带橡皮的铅笔便在李卜曼的手中诞生了，在申请专利后，他的这项发明被一家铅笔公司用55万美元买走。

原本李卜曼把橡皮用铁片固定在铅笔上，只是弥补自己缺点的一个小小创意之举，没想到成了一项创造性的发明，直到现在还让很多人受益。

除了铅笔之外，许多使我们在日常生活中受惠的小发明、小创造也都是源于对生活的观察发现和生活经验的积累。比如，在包装盒上戳个小孔，就有了防潮功能，成了防潮盒；在用洗衣机洗衣服时，有些面料的衣服容易粘上絮状物，洗衣机吸毛器就应运而生了；肥皂盒一旦有水，肥皂就会发黏，这样不仅用起来不方便，还会缩短肥皂的寿命，利用杠杆原理的方便肥皂盒就解决了这一问题……

看到这些发明创造，你有何感想呢？创新总是源于生活的，如果能够对日常生活中的小事细心观察并用心思考，就可能有新的创意。

在此，我想告诉同学们，创新其实不像人们想象的那么困难，生活中的一些日常现象看似平常，却隐藏着许多发明创造的契机。当你在生活中遇到了难题或是麻烦事时，只要不刻意回避，积极主动地思索解决的方法，你就有机会在简单的生活中有所创新。

⊙在继承和颠覆中博弈

关于创新，需要明确的一点是，创新不是无缘无故产生的，它一方面是对前人科学发现和思想观念的继承发扬，另一方面也是对前人谬误的批判与颠覆。创新离不开已有知识的积累，同时也不能被传统的守旧观念束缚了手脚。

中华文明五千年，为我们积淀下丰盛的精神食粮，这其中既有精华，也有糟粕，我们在学习的过程中，既要注重积累，也要适当扬弃。培养创新思维也是一样，它既需要我们吸收既往的知识经验，又要求我们有所取舍。培养创新思维并不是要求我们抛弃以前所有的一切，自己凭空想象或是自己进行探索。创新的每一次发现和创造都是长期学习和积累的结果，有了深厚的积累，才能在特定的时刻触发内心的创新灵感。

因此，要想开启创新思维并有所创造，很重要的一点就是处理好对知识的继承和颠覆之间的关系。众所周知，只是单纯地学习前人的知识并不是一件费力的事情，就像是我们在上课的时候，假如仅仅是听老师讲解知识点，肯定会比自己动脑解决问题容易得多。如果只是继承和接受，就谈不上有所进步了，何况前人的知识和思想观念未必都正确。

创新，就是要求新求变。创新的大忌就是被旧的思维束缚住手脚，因为思维一旦受到某些常规、传统、偏见或书本上某些理论的束缚，就很难进行大胆的思考和判断了。要想创新，要针对具体问题进行具体分析，以发展的眼光看待变化的实际问题。对一个创新者来说，创新首先是走别人不敢走的路、想别人不敢想的问题。如果总是被传统观念所束缚，不敢向传统的理论发出挑战，那么就会与新发现失之交臂。

天文学家勒莫尼亚在1750～1769年先后12次观察到天王星，完全有条件宣布这项重大的发现，但他受当时“太阳系的范围只到土星为止”这个观念的束缚，不敢提出自己的见解，使这颗行星多次“被看见而未被发现”，直到1781年才由赫舍尔加以认定。

1774年，英国化学家普列斯特列就发现了氧气，但由于他受传统燃素说的束缚，不敢理直气壮地提出自己的理论，因而把到手的成功白白放弃了。

这些都是因固有观念和既有权威局限住了思维，从而与成功失之交臂的例子。他们具备了发现新事物的能力与条件，但因循守旧，害怕挑战，结果遗憾收场。

由此可见，对传统观念中不合理的成分的怀疑和颠覆是创新的一个重要前提。一个总是畏首畏尾，不敢大胆思考的人，对富有启发性和创造性的事情往往视而不见或熟视无睹。

⊙人人都有创造的潜能

想要创新，首先得对创新有正确的认识。如果一提“创新”这两个字就觉得害怕，就很难有什么创新性的行为。如果我们把创新看做是日常生活中的事，看做是人人通过思考就能办到的事情，也许在日常生活中会有自己的新发现。

在生活中，有些同学总是羡慕别人的创新思路和发明创造，总是抱怨自己先天因素欠佳和缺乏成功的机会，却很少花时间去想想自己平庸的真正原因。大量的科学研究已经证明，每个人都蕴藏着无限的创造潜能，关键是要正确认识自身的创新能力。

著名教育家陶行知说："人类社会处处是创造之地，天天是创造之时，人人是创造之人。"每个人都有创新的潜能，只要善于思考和把握机会，我们就可能做出创新。我就听说过很多青少年通过对生活的仔细观察和思索，获得诸多发明创造的例子。

曾获得"宋庆龄少年儿童发明奖"的孙珊，上小学六年级时经常要早起，可是她发现：每当早晨闹钟催促她起床时，父母也常常被吵醒。她想，如果能制造一种既能定时叫醒自己，又不干扰别人的枕头，那该多好呀！

于是，她开动脑筋，尝试着自己进行发明创造。经过细心观察，她从电动玩具的开关中找到了灵感：只要按下电动玩具的开关，玩具就动起来了。出于好奇，她动手拆开了玩具，发现里面有一个振动器。她想，如果用振动器代替闹钟扬声器，不就克服了闹钟吵醒别人的缺点了吗?

后来，在学校老师的帮助和支持下，经过一遍又一遍的实验，孙珊终于成功地发明了具备定时提醒、无干扰、随时查时、按摩头部四种功能的"四能枕"。

孙珊的发明得益于生活中的一个简单想法，很多人可能有跟她一样的困扰，只是没有认真思考、解决。如果大家都像孙珊一样带着发现的眼光、尝试的心态生活，就不难在生活中发现创新的机会。

创新不难，只要你敢于创新，那么在日常的学习、生活中，发明就会俯拾皆是，创新就会随处可见。

青少年要做的，并不是怀疑自己的能力或是自怨自艾，而是积极行动起来，把握机会，释放自己的创新潜能。在生活实践中，我们要敢于运用自己的创新思维，将创意付诸行动，一步一步走上成功的阶梯。

培养创新能力，你可以这样做：

1．对生活留心观察，仔细思考并随时记录自己的想法。你可以经常随身携带本和笔，一旦有什么新的想法或是想到了一些自己以后可能用得着的新点子，就马上记下来。有些想法可能是不切实际的，也未必都用得上，但观察和思考得多了，你能想到的创意也就会多起来。这跟采石炼矿是一个道理，你的原料越多，能提炼出好东西的机会也就越大。如果不记录下来，灵感就会稍纵即逝。

2．经常审视你曾有过的创造性思维。你可以在闲暇的时候翻看你的记录本，将有价值的想法保留下来，没意义的删除，很现实的就马上应用起来。你也可以在每天睡觉前花几分钟重新思索你有过的创新想法，仔细分析，然后将可行的想法付诸行动。

3．不断总结完善你的创新。对于你的新想法，要不断拓展它的范围和深度，还可以把一些相关的想法联系起来，说不定就能从中提炼出一个有价值的创意。

这些方法都是我们在生活中稍加努力和坚持就能做到的，只要坚持“我能创新”的信念，不断挖掘自己的创新潜能，我们同样可以成为创新能手。

在思考中酝酿创新

创新和成功一样，与诸多因素有关，这其中思考的重要性是毋庸置疑的，所有的创新都是从积极主动的思考开始的。很多人之所以没有创新和改变，就是因为缺乏思考或思维僵化。在思考中创新，用创新成就自己，这才是聪明的做法。

⊙让人担忧的模板作文

在我的教育培训课上，总有同学喜欢问我一些关于成功捷径的问题，诸如用什么方法能够不费力地提高自己的成绩，成功有什么既有的模式，等等。很多同学对成功的模式和套路很感兴趣，与这种需求相适应，市面上与此相关的书也卖得很红火。

“一套‘活’模板，让作文变简单。”“三步快速写出高分作文，想写不好都难。”前几天，我在看报纸的时候，无意间瞥见了这些关于神奇作文的广告语，不禁若有所思。姑且不论这样的作文模板是否有用，单就广告宣传上来看，它给了同学们错误的思维导向，那就是写作文是有模板可循的，只要按照其中的方法训练，背诵几篇范文，在考场作文时就能轻而易举地拿高分。这种以背诵模板来提高写作能力的指导方式，的确能帮助一些同学在考场作文时拿到一个较好的分数，但是这种训练锻炼的只是个人的记忆力，无法培养和激发人的创造力，反而是对个人创造力的无情扼杀。因为这种训练方法的目的是提高个人的作文成绩，无法真正提高个人的写作能力。

现在的语文和英语考试中都加入了写作部分，而且分数比重一直在不断扩大，这是为了让每个人都有机会说出自己的想法，抒发自己的情感，这样更有利于全面考查学生思考的水平和学习的能力，是一件好事。照理说，写作文运用的是发散思维，即使是同一题目，由于思考的角度、方式等不同，每个人写出来的文章都应是不一样的。可让人吃惊的是，在近几年的中高考作文改卷中，阅卷的老师发现很多学生行文的结构套路、写作思路、语言表达等越来越雷同，甚至还不乏抄袭模仿之作，这着实是一件让人担忧的事情。考场作文趋同很大程度上是由于学生在学习写作的过程中被动地接受老师和专家的指导，或是在考场写作时套用模板作文造成的。出现这种情况，有老师指导过度的缘故，更多的是由于同学缺乏思考的能力，对于老师传授的知识只是一味地接受，误以为只要按照老师教授的写作方法，照搬照录下来就是正确答案了。在课堂上，我时常会遇到这样的同学，他们把我讲课的内容一字不漏地都抄了下来，也能把我讲的内容复述出来，却没有用心思考我话中的道理。过一段时间我再问他上堂课讲过什么内容时，他就什么也说不出来了，更别提有自己的见解和想法了。

我前面已经说过，不经过思考，就不能将知识真正化为己有。同样的道理，一个缺乏思考能力的人，也是很难激发出自己的创造力的。那些迷信老师讲解的正确答案和照搬考场模板作文的同学，大多都缺乏思考和辨析的能力。他们在学习中不是自己积极思考，主动求知，而是被动地接受老师灌输的知识，跟在别人后面，学着别人的样子办事，照着模板机械地完成任务。丧失了思考能力的人，不会有自己独到的见解，更别提创新了。

没有思考，哪来的创新？对于那些至今仍迷恋成功模板的人，我想说的是，摒弃所谓的模板，不要把目光盯在分数上，而是从增强能力入手，用心思考，平时加强训练和学习，你才能真正提高自己的能力。

⊙缺乏创新思考，人脑当然不如电脑

我在与同学们交谈时常常说一些典故趣事，一些同学便说：“崔老师，你的脑子真好使，跟电脑差不多了。”在生活中，我们常常会夸奖那

些知识渊博、记忆力好的人“脑子堪比电脑”，但在我看来，人脑被比做电脑未必是一件值得骄傲的事情。

在人们的印象中，人脑是远远不如电脑的。在传统的教育模式中，知识的记忆和重现占了很大的比重，但凡记忆力好的人，能识记的知识也就多，表面上看，懂得的东西也较多，在考试的时候经常能拿高分，这样的人往往被视为“优秀人才”。

如果以这样的标准来看，电脑要比人脑优秀得多。电脑在发明之初，就取代了人脑的部分功能，不说它那强大的计算能力，其记忆能力也是人脑不可企及的。几百甚至几千人的记忆工作，一台电脑就能轻松解决，而且电脑的记忆要比人脑的记忆更有效率，更加可靠和持久。

但换一个角度来思考，情况就会逆转了。为什么是人类发明了计算机而不是计算机发明了人类呢？如果我们循着这个思路去想问题，便能发现症结所在，那就是因为人具备思考的能力，而计算机的记忆功能无论多么出色，在思考力方面仍是无法与人类相媲美。在创新思考方面下工夫，我们就能做到电脑无法完成的事情。

创新思考是人脑的特殊功能，这种思考不单纯是记忆资源的重新整合和再现，而需要经过一定的价值判断，对记忆和掌握的资料进行一个有序的重新排列，然后决定怎样行动。这一过程，电脑显然是无法完成的。

我们要想胜过电脑，就得正确地认识和评估自己的能力，努力锻炼和培养自己的创新思考能力。只有积极地思考，我们的行动和生活才会充满创意。思考是一个主观的选择过程，也是积极进取的标志，是个人创新和成功的重要前提。

每个人都有创造的潜能，人们之所以不能将潜能发挥出来，就是因为被一些既有的思想禁锢着，或是没有通过自己的思考和努力去挖掘。破除思想上的保守与禁锢，我们就能进行创造思考，进而产生创新成果。

⊙关于思考和创新，课堂教育只能教会皮毛

经常会有同学不解地来问我：“崔老师我怎么觉得上学越来越无趣了呢？除了多认识些字外，课堂上讲的很多东西都没什么太大的用途。你看

看现在的大学生，一毕业就失业的现象那么严重，很多人都说在学校里根本学不到东西，或者是在学校所学的知识很多都是与社会和工作需求脱节的，您说我们现在所接受的教育还是有用的吗？”

这些同学的想法是有道理的。现在社会上确实有很多书呆子和高分低能的人，他们对书本知识掌握得很好，却没有或者缺乏运用的能力，这与我们的传统教育方式有着一定的关系。学校教育在育人思想和观点上的偏移造就了不少不健全的学生，我们在生活中迫切需要的能力在课堂上没有得到重点的培养和训练。比如思考和创新方面，我们从课堂的学习中很难领悟它们的真谛，学校的教育只涉及二者的皮毛，无法让我们真正地认识它们并加以培养和训练。

很长一段时间以来，传统教育还是灌输式的教育，教育的主要目的被定位在教授知识上，这只能强化青少年的聚合性思维。通过这种聚合性思维，可以将头脑中的知识整合得更为清晰和系统，便于识记和学习，但如果只是停留在这一层面，就会对青少年的思考和创新能力形成不利影响。

我在办培训班的时候经常遇到一些聚合性思维很强的学生，他们能把老师在课堂上教授的知识点记得很清楚，所以在做作业或是考试的时候能拿到很好的分数。这类学生还有个共同特点，就是偏爱那些有唯一标准答案的客观题，因为经过长期的锻炼，他们的记忆力已经很好了，课本的一般知识点他们都记得很熟。但是遇到老师上课时没讲过的、书本没有涉及的、需要自己动脑子去想的主观题，也就是没有标准答案的问题时，他们往往就手足无措了。

对书本和老师指导的过于依赖，无形中削弱了学生们在其他方面能力的训练，比如发散思维、逆向思维等多样化的思维方式，积极应对和灵活处理问题的能力等。

我们是要接受学校的教育，但不能把自己的全面发展完全寄托于课堂教育，尤其在思考和创新这些方面，当前的学校教育只涉及很浅的层次。不过，这也不是学校的错，不管到了哪个时代，课堂教育只能在引导和启发方面做文章，无法讲全讲好关于思考和创新的课题。况且，如果创新也能手把手地教，那也不是创新了。

对于广大青少年来说，要做的不是为学校教育的不健全感到遗憾，而是通过自己的努力和训练，弥补学校教育的不足。思考和创新没有一定的程式，也不是靠背诵几条法则就能做到的，它需要我们在平时多留意，多用心锻炼。

⊙坚持思考和训练，才能积极创新

看了前面的内容，有些同学可能就会产生这样的疑惑：崔老师说思考和创新是通过学校的正规教育很难学到的，可我们一直受到学校的教育，也就是说，我们现在根本无法学到创新思维。创新思维无论是对于我们的成功还是对社会的发展都很重要，那我们仍然接受这样的教育，岂不是很亏？其实并不尽然。

接受学校教育能让我们学到一些知识，却无法掌握所有的知识，课堂教育的功能不仅仅是教授知识，不是让你认识几个字、掌握几个公式就完了。课堂教育的意义在于，通过这些有限的知识启发学习的思路，唤起你的自学精神和学习兴趣。实现了这样的作用，课堂教学才是完整和有意义的。

要知道，并不是所有的知识都能言传身教。以写作为例，我们平时都写作文，而且每周都有写作课，可我们的写作课老师都教些什么呢？老师无非就是强调字词、语法、修辞方面的内容，写作的基本要求、注意的问题，要不就是进行一些情境的模拟和观察等，而不会具体地教授我们如何创作，而这也不是能教出来的。创新思维也是这样，课堂教育是教不来也教不好的，它需要我们自己积极地学习和探索。

培养创新思维，一个重要的方面就是培养自己独立思考的能力。创新思维的最大特点在于“新”，而且要与众不同，没有什么现成的方法和经验可以用，全凭自己的灵感和思考。这就要求我们在思考的时候有新的看法、见解或是发现，说到这，我想到一个优秀推销员的故事。

布鲁金斯学会以培养杰出的推销员闻名于世。它有一个传统，在每期学员毕业时，都会设计一道最能体现推销员能力的实习题，让学生去完成。当小布什接任美国总统时，布鲁金斯学会给学员们出了这样一道题：

请将一把斧子推销给小布什总统。

许多学员都知难而退了，因为人人都知道总统什么都不缺，即使他需要，也用不着亲自购买。但乔治·赫伯特并没有这么想，他经过自己的独立思考后，没花多少工夫就成功了。

后来，记者采访他时，他说出了自己的想法："我认为，将一把斧子推销给小布什总统是完全可能的，因为布什总统在得克萨斯州有一个农场，里面种着许多树。于是我给总统写了一封信，上面说，亲爱的总统先生，很抱歉在您百忙之中打搅您。有一次，我有幸参观您的农场，发现里面长着许多树，有些已经死掉了，木质已变得松软。我想，您一定需要一把小斧头，但是从您现在的体质来看，新的小斧头显然太轻，因此您需要一把不甚锋利的老斧头，现在我这儿正好有一把这样的斧头，很适合砍伐枯树。倘若您有兴趣，请按这封信所留的信箱，给予回复……最后他就给我汇来了15美元。"

赫伯特能将斧头卖给总统与他的独立思考是分不开的。当别人都被既定的思维左右着不敢行动的时候，他经过自己的观察和思考，找到了自己创新的突破口。这就启示我们，如果想有所创新，就应该摆脱惯性思维的束缚，培养积极思考、主动开动脑筋的能力。

此外，我还想强调的一点，我们的思维和创新能力虽然不能通过学习而得到提高，但可以经过训练和培养而得到增强。经常有意识地进行创新性的思维训练，能使我们的思维能力、想问题的角度和方式，以及应对问题的反应速度都能得到锻炼和提高。

想创造，就得拆掉思维里的墙

创新并不总是一帆风顺的，这个世界上存在着很多阻碍创新的因素，有外在的阻力，也有内在的阻力。别说外在的阻力我们难以估计，光是头脑中束缚创新思维的各种枷锁就有很多。这些枷锁就像是我们通往成功道路上的高墙，阻拦了我们前进的道路，影响了我们的创造潜能的发挥。想要开启创新思维，我们就得拆掉思维里的墙。

⊙总是跟着大家走，你的创造力将归零

站在十字路口准备过马路时，在人多的情况下，我们经常会跟随多数人一起行动，认为这样比较安全。有时候尽管清楚地看到前方亮着的是红灯，心中也很明白闯红灯是违反交通规则的行为，可是看见一大群人都在横穿马路时，我们很可能也会跟着一起去闯红灯。这种行为方式体现的就是从众心理。

很多人都有从众的惯性思维，习惯于随大流，跟着大伙一起行动。刚才所说的闯红灯，就是一种极其典型的从众心理。从众心理对于我们的生活有利也有弊，积极的从众心理可以激发主动性和责任感，而消极的从众心理则可能束缚我们的思想，使我们的行为变得懒散、没有节制。

长期的生活经验给我们传达这样一种信号——合群才会有好的人缘，而想要合群，就要尽量做到与大家的步调、想法保持一致。久而久之，多数人就会在头脑中形成从众心理，认为跟着多数人走准没错。实际上，这种想法会严重束缚我们自身创造力的发挥，有时还会将我们引向错误的方向。我曾经就听过这样一个故事：

一个人要穿过一片尚无人通过的沼泽地，因为没有路，便试探着自己寻找。虽然艰险，但他凭借自己的聪明和坚持找到了路，就这样安全地走了很长一段距离。一不小心，他还是踏进了烂泥里，沉了下去。

第二个人也要穿过这片沼泽地，看到前人的脚印，便想：这一定有人走过，沿着别人的脚印走一定不会有错。他用脚试探着行进了一段距离，果然没有危险，便放心走下去，最后踏入了烂泥。

第三个人要穿过沼泽地，看着前面两个人的脚印，想都未想便沿着走了下去，他的命运可想而知。

……

第N个人要穿过沼泽地，看着众人的脚印，心想：已有这么多人从这条路上走过了，相信它就是能通过沼泽的正确之路，于是，他选择沿着众人的脚印大踏步走去，最后也沉入了烂泥。

看了这个故事，我们应领悟这样的道理：留下了多数人脚印的道路未必是正确的。这世上的路不是走的人越多就越平坦、越顺利，有时候沿着别人的脚印走，不仅走不出新意，还可能跌进陷阱。

别人的路永远只是别人的，别人的判断始终无法代替我们自己的思考和分析。有一句很讽刺的话："谣言重复一千遍就是真理。"谬论重复的次数多了，相信的人也会越来越多，结果谣言就被多数人当成事实了。这个世界上，衡量是非的标尺不是别人的说法，而是我们内心的判断。任何时候，我们都不应该放弃自己的思考和辨别能力，坚持自己的独立见解，才能真正走上创新之路。

⊙不要迷信书本和权威

在与广大青少年交流的过程中，我发现，很多人在与别人争论问题的时候，为了增强自己观点的说服力，总喜欢拿书本、父母或老师的言论说事，比如："这个方法是我们老师上课的时候讲过的，肯定不会错。""书上白纸黑字都写着呢，你还怀疑什么？""××是这方面的专家，经常见报的，他说的观点绝对值得信服。"听了这些，我既为同学们接受知识的能力感到高兴，同时又为大家对书本和权威的迷信感到焦虑。

从小到大，我们不断接受来自父母、老师的教育，学习系统的书本知识，久而久之，这些外在力量就构成了一个个的权威，指导着我们应该怎么做、不能怎么做，而我们的生活经历也在不断验证着这些权威的言论，最后这些言论就固化于我们的思想中了。比如我们在小时候会受到这样的教育："糖是可以直接吃的，但和糖外形很像的盐就不能直接放进嘴里，洗衣粉则是绝对不能吃的。"听话的孩子，就会谨记这些话语，吃糖而不吃其他的，果然尝到了甜滋滋的味道；调皮的孩子可能会故意试试把盐或洗衣粉放进嘴里，自然是尝到了苦头，也会在心中形成顺从的意向。经过一次次成功和失败的尝试，我们就会越来越相信权威的教育，逐渐习惯于服从权威的是非观，这样做有好的方面，但也有不利的影响。好的方面就是我们在很多时候会少走弯路，不利的影响就是长期形成的权威思想会固化我们的头脑，使我们对权威不加思考就盲目尊崇和信服，严重束缚我们的创造力。

书本是我们在学习阶段碰到的权威代表，我们总是通过书本来接受各科知识。在受教育的过程中，我们一直被灌输着这样的思想：书本知识是全面而系统的，是经过很多人思考和验证过的。其实，书本知识往往是一种理论化、理想化的状态，并非总是符合实际、切实可行的。比如，上学是骑自行车快还是坐汽车快？按速度来说，汽车要比自行车快得多，可从具体的情况来看，也可能是骑自行车快。我们应该把问题放在具体的环境中去考量，如果在北京中心，上下学的时间交通拥堵，汽车只能排着长队，在车流中慢慢行进，这样的速度显然比骑自行车要慢得多。

因此，在面对书本知识的时候，要根据具体情况，进行自己的思考和判断，而不能对书本知识照单全收、偏听偏信。纸上谈兵的故事相信大家并不陌生。

战国时，赵国大将赵奢英勇善战，建立了赫赫战功，深受赵王的倚重。赵奢的儿子叫赵括，从小熟读兵书，常常在人们面前谈论作战用兵的事情，说起来滔滔不绝，没有几个人能辩得过他，即使父亲赵奢也难不住他。赵括仗着自己的聪明和读书多，就很骄傲。他的父亲却为他感到担

心，认为他只懂书本上的兵法却不懂灵活运用，不能承担重任。

赵奢死后，公元前259年，秦军又来犯，老将廉颇采用修筑壁垒坚守的方法，使得秦军无法取胜。秦国知道这样下去对自己很不利，就施行了反间计，派人到赵国散布“秦军最害怕赵奢的儿子赵括”的话。赵王听信了秦国散布的流言，以为廉颇年老懦弱，不能抵挡敌军，就改派赵括代替廉颇。赵括到了前线，完全采用书上的制敌方法，死搬兵书上的教条。显然，这对抵抗敌军起不到任何的作用。最终秦军偷袭赵营，并截断了赵军的粮道，结果40多万赵军尽被歼灭，赵括自己也中箭身亡。

俗话说“尽信书不如无书”，书本知识本身并不能解决实际问题，盲目相信和屈从对我们的成长和进步来说于事无补。

我们要接受教育，更要有自己的辨别能力。我们要想创新，就不能被书本和权威牵着鼻子走，丧失自己独立思考的能力。书本和权威不一定处处正确，也会有出错的时候。只有经过自己的思考和辨别，我们才能真正获得有价值的信息，才能真正有所创新。

⊙几种常用的创新思维

在交流的时候，很多同学对我说，自己不是不明白创新的重要性，一直想要创新，可是总也做不到。对此，我是深有感触的。创新的重点在于“新”，这就意味着我们要走与别人不同的路。一个点子，如果人人都能想到，就不能算是有新意了，所以创新的路要自己找。

下面我就简单地说说几种创新时常用的思维方式。

1．质疑思维

在学习的过程中，老师总鼓励我们要“好学存疑”，因为带着怀疑的精神学习会让我们产生更强的学习兴趣和动力，促使我们更积极地解决学习上的疑惑，对于一个想创新的人来说，质疑思维的作用是不容忽视的。创新意味着要做前人所未做的事，走别人没有走的路，因而，对前人的想法加以怀疑，从中提出自己的疑问并努力解决，对创新能力的培养锻炼是很有帮助的。

需要注意的是，质疑思维不等同于逆反心理。逆反心理表现为固执偏激，无法客观地认识事物的真相，总把与别人对着干作为彰显自己能力的方式；而质疑思维则是建立尊重客观现实的基础上的；只要能对已有的事物提出疑问，就说明你是用心思考了的，这是实现创新的重要步骤。如果不加怀疑地全盘接受别人的观点，那我们顶多只能算是被灌输的机器，不仅不能真正掌握知识，还会离创新越来越远。

2．发散思维

在人际交往的过程中，我们不难发现，那些总能想出新主意的人的思维跨度很大，他们总是能很快地打开自己的思路，海阔天空地联想和想象，这样的思维方式就是我们常说的发散思维。虽然人们的思考都是围绕着某一具体对象展开的，但思索的程度和范围可以有很大的不同。有的人只是根据眼前的情况或是自己的经验随便想想，只能得出浅显的观点，这是无法创新的。一旦我们能够扩展思维，在把握事物联系的基础上加入更多的联想和想象，就会有很多新的发现和体悟，得出新的点子。

举例来说，铅笔是我们常用的学习工具，它的用途是写字、绘画。这是我们惯常的思维方式，如果运用发散思维想一想，或许还会有很多新的发现：铅笔不仅能用来写字和画画，必要时还能用来做尺子画线；铅笔的芯磨成粉后可以用作润滑粉；削下的木屑可以做成装饰画；一支铅笔按相等的比例锯成若干份，可以做成一副象棋；抽掉笔芯后，铅笔可以当吸管用；在遇到坏人时，削尖的铅笔还能作为自卫的武器……思维扩展了，你就能在思考的过程中得出很多与别人不一样的结论，这样，你能想到的铅笔的用途可能就不止20种、200种了。在这个过程中不仅体验到了创新的乐趣，还可能找到成功的机会。

在生活中我们会碰到很多类似的情况，有时看上去很难解决的问题，只要打开思维，换个角度，我们就能想出很好的解决办法。生活中的很多事情都是没有唯一答案的，只要思维展开了，我们就不会在问题面前束手无策。

3．逆向思维

我们常常会碰到这样的问题，如果从平常角度来思考和解决，往往不得要领，但是从相反的方面入手，本来棘手的问题就变得简单了，这就是逆向思维。逆向思维是对常规的一种挑战和反叛，这种思维方式的出发点决定了它的新颖性和创造性，如果能很好地运用它，我们就能取得意想不到的效果。

我们在生活中常见的吸尘器，它的发明就利用了这种“倒过来试试”的思维。在吸尘器发明以前，人们一直用的都是“除尘器”，这种除尘器的工作原理就是用风把灰尘吹走，在进行除尘工作的时候，不仅是劳动者自己，就连周围的人都会被吹得满身是灰尘。很多人对此习以为常，但有个叫布斯的人就想：吹尘看来不行，能不能换个办法，把吹尘改为吸尘呢？于是，布斯在家里就试着用手帕蒙住自己的嘴和鼻子，趴在地上用嘴使劲吸气，结果灰尘不再到处飞扬，被吸附在手帕上。后来的吸尘器，就是据布斯的这个设想制造出来的。

在生活中，你要是遇到了一些凭正常思维很难解决的问题，不妨也试试这种“倒过来想想”的思维方式，或许它能带给你一些意外的惊喜。

除了这些思维方式外，及时捕捉和记录自己的灵感，经常与别人互动交流，多开发右脑，注意事物之间的比较，事物纵向与横向的连接等思考方式也能激发我们的创造力。总而言之，如果用心思考，加以灵活运用，每个人都可以实现创新的。

⊙激发你的创造力，让金点子飞起来

有个同学对我说，他觉得自己以前是很聪明的，虽然有些调皮，但总能想出一些有创意的点子，可读的书越多，自己的脑子就越来越不好使了。尽管经过努力学习，学习成绩还是不错的，可一遇到老师布置的需要自己动手动脑的作业就觉得很头疼，科技课上的小发明、小制作之类的作业总想不出什么新鲜的玩意来。其实不仅是个别人有这样的情况，大多数人都发现，随着年龄的增长，我们的脑子在变“笨”。其实，这不是脑子结构在变化，而是我们的想象力和创造力在减弱。

有家电视台进行过一次智力测验，全程跟踪拍摄。他们先到一家单位进行测试，节目主持人在黑板上画了一个圈，问大家：“这是什么？”

在座的人面面相觑，对着镜头，没一个人站出来回答，沉默良久，单位领导冒出一句："对不起，事前未打招呼，不便回答。"测试在无果中结束。

随后，电视台工作人员一行来到某大学中文系教室。主持人照样画了一个圈，说："请问这是什么？"沉默了一会儿，有人哄堂大笑："这算什么问题？想考我们大学生！"有人则心想："既然是电视台直录的节目，而且至今还没人能回答出来，肯定不是简单的答案，里面一定有很深的学问。"

接着，工作人员又来到一所中学，他们从中学生的口中得到了这样的答案：

"这是一个0。"

"是英文字母O吧。"

"是一个化学元素吧。"

测试的最后一站是学校的小学一年级，在这里，他们得到了各种各样的答案："是一个鸡蛋！""是爸爸发怒时的眼睛！""是小名张开的嘴巴！"……

这次智力测试圆满结束，后来电视台以《人们的创造力是如何消失的》为标题播出了这期节目。

我们常说，儿童是极富想象力和创造力的，这是因为他们所受的规则有限，不会被现有的条条框框束缚。但是，随着年龄的增长，多数人的创造力就会渐渐衰退。这是为什么呢？原因很简单，一般人在儿童时期总是充满好奇心和探索欲，喜欢尝试新的东西，经常不按照常规出牌，不怕冒险，不担心后果，总是能想出一些新奇的回答，做出一些另类的事情。随着年龄的增长，学到的知识增加了，在头脑中就会逐渐形成一种惯性的思维，害怕不依从惯性会导致失败，这样一来就习惯按照一般的思维来处理问题了。

不要以为只有那些科学家、发明家、艺术家才具有和需要想象力和创造力，每个人都需要这种能力。任何一个行业，任何一件事情，即使是最基础、最平常的事，要做好也是需要创造力的。

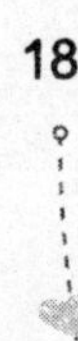

对于想要成就卓越的青少年来说，不断激发自己的创造力，让头脑中的金点子飞起来是很重要的。要做到这些，我们必须时不时地来场脑力革命，抛弃因循守旧的观念，勇于接受新事物、新观念。那些抱怨自己变笨了的人其实并不是真的笨了，而是不愿开动脑筋去创新，只在原来的思维模式里打转，这样当然想不出什么好主意。

要激发自己的创造力，我们还应该拒绝模仿，拒绝追随他人。一味地模仿和追随，既是对我们创造力的无情扼杀，也是对我们天赋品质的浪费。而且愈是模仿他人，就愈容易失败，越是想迎合多数人的口味，就越不能想出好的点子。只有激发自己的创造力，不做别人做过的事情，我们才能走上创新的道路。

创造力能为我们的前进开辟道路，为我们的成功助上一臂之力，无论在任何时候，我们都要重视锻炼自己的创造力，让金点子飞起来！

珍惜能助你创新的能量

可能有些同学会觉得学到的知识越多，创新的能力就越强。诚然，知识储备对于个人创新能力的发挥有一定的作用，但不是主要的方面，相比而言，好奇心、想象力、一闪而过的灵感等在个人创新的道路上发挥的作用更明显一些。那些总是抱怨自己脑子不好使，想不出新创意的同学，其实是没有利用好这些能量。

⊙多一点好奇心

对于一个渴望创新的人来说，好奇心是不可缺少的。好奇心是我们在遇到新事物、新情况时的一种积极探索的心理倾向，由于这种心理的推动，我们会更倾向于去探索和尝试新的事物，创新的可能性就会大大提高。

有些同学常常跟我抱怨说，自己不能创新是因为缺乏创新的条件，缺乏创新的知识储备，但我觉得他们真正缺乏的并不是这些，而是好奇心。没有好奇心，就不会有善于发现的眼光，这样自然就找不到通往创新的路。套用常说的一句话就是，生活中并不缺少创新的机会，缺少的只是发现创新的眼光，即好奇的眼光。

好奇心可以说是人的天性，我们在幼儿时期，对周围的一切事物总是抱着好奇心，这种心理常常使我们问出一些令大人们匪夷所思的问题，并推动着我们积极探索和发现。有些科学家的发明也受到了孩子好奇心的启发，“拍立得”照相机的问世就是如此。

埃德文·兰德以“拍立得”照相机的发明而被载入了史册。然而，很少有人知道他的发明是缘于小女儿的疑问。

一天，兰德为小女儿拍照。天真的小姑娘突然发问：“噢，爸爸，为什么要等很长时间才能看到照片呢？”女儿出于好奇心的这个问题激发了兰德的灵感。他想：人们买了一件物品，自然希望马上就能使用，为什么照相机不能做到这一点呢？我们能否不必在暗房中花几个钟头的时间，而在尽量短的时间内冲洗照片呢？

兰德把自己的这种想法说给不少朋友听，朋友听说了兰德的这个奇思妙想，都摇摇头，并且劝他迷途知返。可兰德不为所动，经过不懈努力，“拍立得”照相机问世了。

孩子的天真问题促使了一项对人类有重大意义的发明问世。其实不仅是这项发明，我们生活中的一些事物的改进和完善也是依赖于好奇心。比如，现在很多水壶盖子都有个小孔，这个小孔的发明还应该从日本的一个平凡人的好奇心说起。

有一天，日本横滨市居民富安宏雄躺在床上辗转难眠，床边的火炉烧着开水，被缕缕白色水汽冲着的水壶盖子不停地“吧嗒吧嗒”地响着，好像也在故意打扰他。

气恼之下，富安拿起床头柜上的锥子用力向水壶掷去，不曾想，那锥子刺中了水壶的盖子，定定地立在壶盖上，没有滑落下去。奇怪的是，水壶“吧嗒吧嗒”的声音立即停了下来。富安感到很惊异，想要探个究竟。好奇心驱使他开始在床上大动脑筋。后来，他干脆爬起来观察和试验，亲自做了好多次试验，最终证实有个小孔的盖子在水开了的时候不会发出声音。之后，有孔的水壶盖受到了越来越多人的青睐。

我们应该保持自己的好奇心，以此唤起自己的探索欲，这样，我们才可能有新的发现和体悟。

培养好奇心未必如我们想象中的那么难，只要我们不要轻易给事物打上无聊的标签，而是调动自身的热情，对任何事都抱以有趣的心态，我们就能唤醒自己的好奇心。事物本身是客观的，我们的心态能赋予它以鲜活的意义。有些东西看起来是很平常，如果我们在内心觉得它是有趣的，沉下心去观察和思考，就能发现它的诸多有趣之处。

此外，我们还应该多阅读新领域的书籍，多与不同领域、不同行业的人打交道，这能帮助我们增加知识储备。一个人的知识丰富了，发现和思考问题的能力自然就会增强，好奇心也就更容易被激发出来。在此基础上，我们还应该多提问，多为自己创造一些挑战的机会，这样，我们的好奇心就能被全面调动起来了。

多一点好奇心，就能多把握一次成功的机遇；多一分好奇心，我们的生活就会更精彩一些。让我们保持着自己的好奇心，去积极探索和创新吧！

⊙珍惜你的灵光一闪

有的时候，当我们遇到一个难题时，绞尽脑汁去寻找解决办法，却总也找不到，于是就感到很颓废，想要放弃。可是过了没多久，仿佛有一个念头闪现，原本的难题就迎刃而解了，这其实就是灵感。

说起灵感，很多人都觉得它是难以捉摸、无法言喻的，因为灵感并不直接呈现于我们眼前，也很难通过学习的方式获得。它似乎总是在我们的潜意识中游荡，来无影去无踪。不过，灵感的突如其来经常能使我们有所顿悟，想出一些有创意的点子来，可见灵感对创新思维有着重要的作用。

有同学曾经问我，怎样才能让自己变得富有灵感。其实这个问题是没有什么标准答案的，但在某些方面稍加注意可能会对此有所帮助。比如，激发你对事物的兴趣和好奇心，这样你就总能保持高昂的情绪和充沛的精力，而富有激情则能让你较好地进入灵感思维状态。要保持注意力的集中，如果你在干一件事情，就尽可能地不要分散注意力，全神贯注于你思考的对象，这样你才能进入深层次的思考。再有，尽量每天腾出一些时间来静思，放松身心，让思想静下来，还可以在知识储备、看问题的视角、思维敏锐性等方面多下工夫。

灵感对一个人的创造性活动有很重要的作用，它的得来需要我们进行孜孜不倦的探索，实属不易，如果马马虎虎地让它从手中溜走，岂不是非常可惜？所以我们在灵感到来的时候就需要及时将它记录下来，并付诸实践，这样，灵感才会真正促成我们创新性的行为。在我们身边，有些同学是很聪明的，灵感也会时不时地来敲门，可因为他们没有养成及时记录和思考的好习惯，灵感转瞬就消失了。

我见过这样一个学生，他脑子很灵活，平时总喜欢弄点小发明和小制作，几乎将大部分课余时间都用在了发明实验上了，可有一次我问起的时候，他却很沮丧地说："别提了，我也想不明白原本设想得那么好了，可是实验总是进行得不顺利，每当关键环节就会出现纰漏，所以我总是要一步步重来，有时还经常是错在同一个步骤。"之后，他又跟我说了一些做实验的具体情况，听完后，我问了一个小问题："你平时口袋里会随时装着笔和纸吗？"

他说："没有，我觉得这样很麻烦。"

"那你在实验的时候没有什么想法或心得吗？你平时如果有些灵感和创意怎么办呢？"我好奇地问。

他回答道："我每天总会有很多关于实验的想法，有时突然就冒出好几个灵感，可到最后只能记住一部分，很多想法过后就忘记了。"

这就是他的问题所在，他没能及时地捕捉和记录灵感，导致那些"调皮"的灵感时不时地来敲他的门，可随即又溜走了。

一些同学总是埋怨灵感稍纵即逝，却没有仔细去想想为什么会这样。平时，我们的头脑中经常会在刹那间迸发出思维的火花，这些灵感多数是零碎的，其中的一些可能还很幼稚可笑，只要你不忽视它们，先把它们记录下来，然后在头脑中进行筛选和进一步思考，很可能你就会有所收获。创新的灵感是需要随时记录的，不让它轻易地溜走，也就是把握住了创新的机会。

⊙让想象力自由翱翔

前段时间，我身边的一些同学一直在争论"究竟是分数重要还是想象力重要"这个问题。虽然有些同学也能说出在现行教育体制下分数的重要性，但我觉得我们在考量问题的时候应该将目光放长远一些，如果我们所受到的教育限制了我们的想象能力，那我们所接受的知识对于我们的成长就会失去意义，我们所追求的分数也就没有了意义。爱因斯坦曾经说过一句很有名的话："想象力比知识更重要，因为知识是有限的，而想象力概括着世界的一切，推动着进步，并且是知识进化的源泉。严格地说，想象力是科学研究中的实在因素。"

想象力不仅比分数重要，还能在我们求知的过程中发挥重要的作用。想象力是一个知识加工厂，可以将我们头脑中原有的知识和想法重新整合，产生新的作用。缺乏想象力的人往往只看到视野范围之内的事物，对于看不到的东西没有思考，因而在理解问题上会存在不同程度的困难。

对于一个没有想象力的人来说，创新更是无从谈起。想象力是创新活动的源泉，只有乘着想象的翅膀，我们才能在创新的天空自由翱翔。能否开发自己的想象力对于我们开展创新活动是至关重要的。

我在报纸上看过关于全球孩子各方面能力比较的统计，中国的孩子计算能力是全球第一，而想象力却排倒数第几。尽管我常为此感到忧心，但也认为这些数据未必能全信，不过我在培训的过程中确实发现我们青少年的想象力状况真的是不容乐观。

在交流过程中，很多同学在说了自己想法后总喜欢带着询问的口吻问我"是不是"，在我欣赏完他的画作后，喜欢问"像不像"这样的话。这些话初听起来并没有什么不妥，可是细细回味的时候，就不难发现这样的内涵：这两者其实都是一种刻板的提问方式，"是"为一种肯定的判断，即定要博得别人的认同或将自己观点的正确性与否寄希望于别人；而"像"是有样板，有模型，即想知道自己是否符合统一的价值标准，这些趋同的思想其实就是想象力丧失的重要标志。

实际上，我们每个人都是具有想象力的，但能否让想象力自由翱翔却是另外一回事，如果总是不肯独立思考，那你的想象力就很难被激发出来。

正如前面所说，想象力就像一个知识加工厂，要想使它发挥作用，离开了一定的原料储备是绝对不行的。这就是说，我们要想启发自己的想象力，就需要先积累一些原料，有了充足的原料，这座工厂才能开工。这些原料主要指的就是表象。具体来说，表象就是指当事物不在我们面前时，我们在头脑中出现的关于事物的形象。想象力的水平，与一个人头脑中积累的表象有很大关系，这些表象越丰富，个人的想象范围就越开阔，想象能力就越强。要积累丰富的表象，可以通过两种途径：一是自己去观察和体验生活，有意识地将生活中捕捉到的形象转化为思维表象；另一种就是多阅读文学作品，多积累知识，将书中获得的一些形象转化为思维表象。多积累表象，就能为培养想象力创造条件。

另外就是调动起自己的兴趣，多想、多进行一些创造性的练习和实践。调动起自己的兴趣，我们才会积极主动地去想象、去实践。在具体的操作过程中，启发想象力的方法是多样化的，比如，你可以给自己设定一个范围或主题，然后放开地去联想，思维越开阔越好；或者你也可以多进行一些续写文章，续写故事，运用几个关联不大的词语扩写成一篇文章之类的练习；你还可以多动动脑，尝试着进行一些发明制作……这些对于我们想象力的开发都是很有好处的。只要多进行脑力方面的训练，想象力自然会丰富起来。

开启你的想象力并让它飞起来吧！在创新活动中，想象力就是我们心灵的翅膀，只有让它自由翱翔，我们才有可能到达成功的彼岸。

大胆去想，灵活去做

创新思维如果只是停留在想法上，是很难改变什么的。有些同学的想法很多，想搞发明制作，想用科学的方法提高学习效率，想让自己在生活中多一点创意……可总是不愿踏踏实实地行动，结果是竹篮子打水一场空。能进行创新思维是好事，但更重要的是要将创新思维转化为创新行动，只有扎实地努力、创造，才能真正做到创新。

⊙搭建你的创新仓库

俗话说："巧妇难为无米之炊。"创新虽然是一种创造性的行为，但也离不开一些能力的储备。尽管我们很难驾驭创新，但可以通过自己的努力搭建一座仓库，为创新准备条件。

要搭建自己的创新仓库，首先要在思想上有所准备。著名物理学家杨振宁教授，在评价他的导师——美国氢弹之父泰勒的成功时，说过这样一些耐人寻味的话："泰勒几乎每天都有10个想法，其中有9个半是错的，但他不在乎。他就凭着每天半个对的新思想的积累，获得了巨大的成功。"

如果我们每天都能把握和记录好自己的想法，即使这些想法中只有半个是可行的，长年积累下来，我们的新想法也会有很多。

创新的最大阻碍就是没有自己的想法，即使是错误的想法，也会对我们的创新有所帮助，这意味着你动脑子自己独立思考了。尽管现在这些点子行不通，但也许它有一天会发挥作用，如果没有任何想法，只是盲目接受和模仿，就永远不会有什么新的创意。

其次，还要做好知识方面的积累和更新。知识是创新的根本，没有知识含量的创新很难发挥出效用。现在是一个知识经济时代，一个人若力图创新，就必须做好知识储备工作，及时更新自己的知识库。为了更好地做到这点，我们可以从以下几个方面去努力：

第一，不断提高自己的学习能力。我们讲创新，不能将创新与以往的知识完全割裂开来。所有的创新，都是在已有知识积累的基础上找到的新突破、新发现。因而，提高学习的能力对于我们的知识积累，对于我们的创新是很有意义的。

第二，要培养自己灵活运用知识的能力。知识是死的，创新是活的，如何将知识转化为可用的东西是人们在创新中必备的能力。光有知识储备而不知道怎样运用，那创新永远只能是纸上谈兵，不可能运用于现实。有些知识初看起来是常规性的，但如果能灵活运用也是可以产生实际效应的。

第三，注意更新自己的知识库，培养接受新事物、新观念的能力。创新就意味着求新求变，这要求我们不能总是固守现有的知识，任何知识的产生和运用都是与具体的环境相联系的，有些在前一时期被视为真理的知识，到后来却有可能成为阻碍我们创新和前进的束缚。世间万物都不是一成不变的，我们应以开放的视野去看待变化的实际情况，增强自己接受新事物、新观念的能力，在知识积累和创新运用之间，灵活地进行选择。

创新不是空中楼阁，就像建筑高楼大厦离不开水泥和方砖一样，它也需要坚实的基础。离开了思想和知识方面的储备，我们就难以创新。因此，每一个渴望成功创新的人，都应该搭建好自己的创新仓库，努力为创新行动蓄势。

⊙逆风飞扬，化劣势为优势

一些同学经常向我抱怨自己的能力不足，缺乏创新的条件。我在此想反问一句：创新的确需要一定的条件，但难道没有条件我们就放弃了吗？在缺乏条件的情况下，我们应该怎么做呢？那就是创造条件。创造条件的意思就是说，我们要尽可能地为自己的创新创造机会，即使自己的现实情况与条件存在一定的距离，甚至相悖，也要尽可能把握好一切可能性。

每个人在做事的时候都会发现自己存在这样或那样的不足，这是正常的，聪明的人善于将自己的劣势转化为优势。因为一些在甲方看来是缺点的东西，转换一个角度或者放在另一个位置，就可能变成乙方眼中的优点，懂得转换才能把握更多创新的机会。

有一个果农，在远离村庄的高山上种植苹果。他的高原苹果色泽红润，味美可口，上市的时候经常是供不应求。有一年，一场突如其来的冰雹把即将采摘的苹果砸出了许多伤口，对于果农来说，这无疑是一场毁灭性的灾难，不仅表面有疤痕的苹果很难销售，而且，原有的订单也不能按期交货了。

果农愁了很长的一段时间，但乐观的果农终于没有被困难打倒，还灵机一动，想出了新招。随后，他为自己的苹果打出了这样的广告语：

"亲爱的顾客，我们脸上的伤疤，是上帝馈赠给我们高原苹果的吻痕——高原常有冰雹，高原苹果才有美丽的吻痕。味美香甜是我们独特的风味，请记住我们的正宗商标——伤疤。"

这则以苹果的口吻拟写的广告语为果农的苹果赢得了市场。

在这个故事里，原本有缺陷的苹果，在果农的创意下却成了纯天然的标志。果农运用创新思维，巧妙地将自己的劣势转化为了优势。

果农的智慧是我们在创新的道路上应该学习的，每个人都不完美，我们身上的一些缺陷从表面上看可能会阻碍创新活动的开展，只要我们不停止思考，变换一个看问题的视角或是换一个环境，我们或许就有可能化劣势为优势，探得新的发现和收获。

⊙勇于创新，就不要畏惧失败

创新是在没有任何现成经验下的努力探索，也就是说，创新在意味着机会的同时，还意味着风险。青少年要养成创新的品质，就要不畏惧失败。

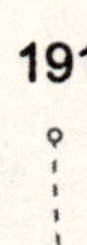

创新是新的尝试，在这尝试的过程中，我们可能会遇到许多的困难和阻挠，也很有可能因为自己的想法还不成熟，条件还不充分，而导致创新的失败。在创新的道路上，可怕的并不是失败，而是失败了就振作不起来，面对失败时的心态往往决定了你是否能将自己的创新进行到底。如果能顶住失败的压力，继续尝试和创造，我们也许就能走出失败的阴影，寻找到另一片广阔的天空，如果不能战胜失败，我们的创新或许就戛然而止了。威尔士的经历就是一个明证。

威尔士是美国东北部哈特福德城的一位牙科医生，是西方医学领域对人体进行麻醉手术的最早试验者。

1844年，威尔士在观看了英国化学家戴维的笑气试验后，留意到表演者在追逐观众时腿部受伤而丝毫没有疼痛的情况，因此受到启发。于是他立即开始了对氧化亚氮麻醉作用进行实验研究。

1845年1月，威尔士在实验成功之后，来到波士顿一家医院公开进行无痛拔牙表演。表演开始，威尔士先让病人吸入氧化亚氮，使病人进入昏迷状态，随后便做起了拔牙手术。但不巧，由于病人吸入的氧化亚氮气体不足，麻醉程度不够，威尔士的钳子夹住病人的牙齿刚刚往外一拔，便疼得那位病人“啊呀”一声大叫起来。众人见之先是一惊，随之都对威尔士投去轻蔑的眼光，指责他是个骗子，把他赶出了医院。

威尔士表演失败了，他的精神也崩溃了，由此放弃了一项具有创新性的实验课题——麻醉药物的研究。可是他的助手摩顿与其不同，摩顿鼓起勇气开始了自己的探索。1846年10月，他在威尔士表演失败的波士顿医院当众再做麻醉手术实验。结果，他获得了成功。

在创新的道路上，往往有失败和风险同行。只有那些不畏艰险，敢于从失败中吸取教训并坚持到底的人，才能尝到创新成功的甘果。

创新求变就是要打破常规，解决新问题，这是一项很有风险的活动，遭遇失败是常有的事情。惧怕失败的人只能停步不前，唯有在失败中总结教训、继续努力的人，才能找到创新的良方，让这次的失败成为下次成功的起点。爱迪生一生有很多发明，可是这些伟大的创新并不是等来的，而是在一次次的失败尝试中坚持努力得来的。他在做电灯实验的时候，光是为确定灯丝用的材料就做了几千次实验，他先是尝试着用炭化物、金属铂等试验，结果都失败了。但他并没有因此而畏惧失败，也没有放弃，而是认为：“如果我做了5万次不成功的实验，那么，我们就有5万种不同的收获：因为我得到了5万种不成功的案例。”在这种心态的指引下，他获得了最终的成功，完成了创造发明。

对于渴望创新的青少年来说，失败是难以回避的问题，关键是你有没有做好面对失败的准备，是否能将这一绊脚石变为垫脚石。勇于创新，就不要畏惧失败！

名言修炼堂

1．向还没有开辟的领地进军，才能创造新天地。

——【美】李政道

2．创新是一个民族进步的灵魂，是国家兴旺发达的不竭动力。

——江泽民

3．创造者才是真正的享受者。

——【英】福尔克

4．本来无望的事，大胆尝试，往往能成功。

——【英】莎士比亚

5．一个真正的天才，绝不会遵循常人的思想途径。

——【法】司汤达

6．天才的标志不是完美而是创造，天才能开创新的局面。

——【英】亚瑟·柯斯勒

7．不断变革创新，就会充满青春活力；否则，就可能会变得僵化。

——【德】歌德

8．不论开创命运，发明新事物，或者扩张新思路，都非突破常理不可。

——【日】松下幸之助

9．沿着别人的脚印行走并不困难，为自己开拓道路困难得多，但也光荣得多。

——【意】科拉斯

10．人可以老而益壮，也可以未老先衰，关键不在岁数，而在于创造力的大小。

——【苏联】卢那察尔斯基

打开心灵密码之创造力测试篇

动用你的创新思维，想想砖块的用途，你能想出多少种答案呢？用纸笔写下来吧。你尽可以放开思路去想，答案要合理，而且越多越好。

参考答案：

1．建筑
2．垫路，铺路
3．垫车脚（刹车）
4．敲门砖
5．自卫武器
6．气功表演（砸砖）
7．代哑铃锻炼
8．当锤子
9．当板凳
10．当路标
11．当球门
12．压东西
13．堵烟筒
14．杠杆支点
15．当枕头
16．当秤砣
17．门开关定位
18．压水龙头
19．担子平衡物
20．做绘画颜料
21．做装饰涂料
22．做几何教具
23．当粉笔
24．当尺测量
25．粉碎喂鸡
26．砖雕艺术品
27．丢砖游戏
28．做多米诺骨牌
29．做记录（刻字）
30．做刑具（老虎凳）
31．堵鼠洞
32．测水深
33．化学试验材料
34．当棋子
35．小贩充分量
36．做吸水剂
37．绊人
38．挂砖潜水
39．做模具
40．磨刀
41．做乐器
42．爱情见证物
43．测压力、重力
44．做奖牌
45．烧红治病
46．当增高物
47．做碗碟
48．过滤东西

49．图腾象征　50．做机器零件　51．做首饰
52．发泄闷气　53．墨粉做假药面　54．磨粉充辣椒粉
55．儿童积木　56．航天试验材料　57．做铅垂
58．做道具　59．卖钱……

>>> PART 6

人际关系修炼

人际关系修炼的程度决定着个人的人生高度。

本章重点：

培养社交能力

成功学家卡耐基曾说：“一个人的成功15%靠他的专业知识，85%依靠的是人际关系。”这一观点得到了越来越多人的重视和推崇。人际交往能力是我们在当今社会中的一项基本生存技能。我们的一生总是在不断地与人交往，一个人缘通达、社交能力强的人，成功的概率也会倍增。

如何培养自己的社交能力，修炼通达的人缘，这是摆在每个青少年面前的重要课题。它不仅与我们的心情和幸福指数有关，还决定着我们的人生高度。

成就卓越，用社交能力开路

我们所处的这个社会，人际关系非常重要。良好的人际交往能力不仅能让我们结识更多的朋友，开阔我们的视野，还能在必要的时候助我们逾越前进道路上的障碍，这对于我们的成功来说，是至关重要的。如果能建立良好的人际关系，并努力维系，我们就能用良好的社交能力为自己的成功开路。

⊙与人相处的苦恼

我认识这样一位中学生，他的智商很高，考试成绩向来名列前茅，综合能力也很强，平时不管学什么都比别人快，钢琴十级，小提琴、二胡之类的乐器差不多都会，还得过全省的书法比赛二等奖。父母把他看做是全家的荣耀，对他呵护备至，对他的要求总是百依百顺，他以前也总为自己的这些成绩而沾沾自喜，可是最近他在咨询我的时候说出了这样的话："崔老师，你觉得优秀也有错吗？为什么别人总是因为我的优秀而排挤我呢？为了这个，我已经转了好几次学了。"

其实对于他的情况，我们是比较了解的。他的确很聪明也很好学，可是班级同学排斥他的原因并不是因为他太优秀了，而是因为他的傲慢。他瞧不起班上任何一名同学，认为他们都不如自己，甚至连老师也不放在眼里。他平时特别爱出风头，对人也比较刻薄，一旦别人回答不出问题或是犯了什么错误，他就会加以讽刺，还常常与同学发生摩擦。久而久之，同学们都逐渐疏远他，他觉得自己被孤立了，便提出了转学的要求。他刚到一个新学校的时候，还会收敛自己的言行，可没过多久，又露出了本相，每次都是这样，所以他总是在不停地转学。

后来我就跟他说：“你觉得除了你，你们班还有没有其他一些优秀的人呢？你有没有观察过他们是怎么与人相处的呢？”

他想了想说：“嗯，当然还有那么一两个。他们好像没有我这样的苦恼，别人好像不排斥他们，而且还乐于向他们请教。我不明白，这是为什么呢？”

“既然这样，你先从自己身上找找原因吧。你可以先试着改变一下与人交往的方式。”这是我给他的建议。

其实在我们同学当中，像这位同学这样不善于与人交往，处理不好人际关系的人还有不少，这着实是个问题。

我们所处的这个社会，人际关系非常重要。破解社交难题，培养良好的社交能力，是我们成功的第一步。这一步走好了，我们的成功之路才会越走越通畅。

⊙好人缘是成就卓越的重要资本

人际交往是我们一生中的重要内容，不管我们身份和地位如何，只要生活在社会上，就总得与人打交道。我们所渴望的关怀和爱，所希冀的友谊和慰藉，都需要从别人那里获得，我们的人生价值和意义也需要得到别人的肯定。如果缺乏交流与沟通，我们的生活就会是另一番模样了。

中国有句古语说：“在家靠父母，出门靠朋友。”在这个社会中，我们无法独自成长，在生活上，我们需要别人生产和提供的衣食住行；在学习上，我们也需要老师和同学的帮助来获取知识……可以说，如果没有别人的帮助，我们连生存都会有问题，更别提成功了。

广结人缘能让我们的生活更多姿多彩。在平时我们都会有这样的感受，那些人缘好的人无论走到哪里都能遇到很多朋友，做起事情来总能左右逢源，在遇到困难的时候也总有贵人相助。这种人生活起来自然是轻松惬意，在事业上也更容易成功。这方面，莫洛可以说是一个很好的例子。

莫洛曾做过一件震惊全美国的事情，他放弃了自己当时年薪高达100万美元的摩根银行股东兼总经理的职位，而改任墨西哥大使。从莫洛的成功经历中，我们不难发现好人缘在他实现人生蜕变过程中发挥的重大作用。

莫洛先生最初是法院的书记员，他能有后来的惊人成就源于人生中的一次重大转折——他被摩根银行的董事们相中，登上摩根银行总经理的宝座。据说摩根银行的董事们选择莫洛担当此重任，不仅因为他在企业界享有盛名，最主要的还是因为他具有极佳的人缘。

这就是好人缘的魔力，它就像是一份无形的资产和财富，推动了莫洛事业的发展。

其实，每个人都希望自己能有好人缘。我相信谁都希望无论去到哪里总会有人对自己微笑，在自己有困难的时候帮助自己，谁会喜欢办什么事都遇到阻力，整天与人争执呢？有一份研究成果也发现，拥有好人缘的人往往更能获得幸福感和成就感。这就是因为好的人际关系不仅能形成一种良好的交往氛围，还有利于保持个人的心理健康，如果与人相处得很愉快，我们自然会心情舒畅，情绪高涨，这样想问题和办事就会特别有效率。拥有良好的人际交往能力还能提高人与人之间的合作水平，从而有效地促进工作的完成。这样经过长期的积累，我们就会不断进步和成长，为自己的卓越人生奠定良好基础。

⊙好人缘要在交流沟通中炼成

我经常到各地去作一些讲座，也接触到了各种各样的青少年朋友，有时候会感觉有些人是愿意与人交往，而且也喜欢跟别人交朋友，可就是没有什么朋友，甚至还常常苦于没有认识新朋友的机会。这是怎么回事呢？我觉得这极有可能是因为他们没有认真研究和掌握人际交往中的一些学问。

人缘，说到底就是你与其他人之间的关系，这其实是一种双向的关系，涉及交往双方。也就是说，想要与人处好关系，光是你一相情愿还不行，还得与人交流和沟通，看看别人是什么想法。有些同学认为交往就是你来我往，自己有什么新鲜的玩具大家一起玩，有好吃的分给大家吃，这种想法其实是片面的。结人缘是一门学问，它不仅是一种外在的交往行为，还考验着个人内在的智慧、品行和修养。

好人缘不是天生的，需要在沟通和交流中修成。要结识人，就得善于与人交流，这是需要付诸行动的，光想可不行。对于那些总是抱怨自己人缘不好，没有机会结交新朋友的同学，我想提几点意见：

第一，要为结交朋友创造机会。如果你想多认识人，就得多参加一些集体活动。你要明白，不管你在心里怎么想，总是待在自己独立的空间里，是不可能交到朋友的。我们想要结识更多的人，就应该到人多的场合去。到学校上课、参加一些兴趣班和补习班、参加一些课余的集体活动，跟集体去旅游……这都是在为我们结交朋友创造条件。

第二，要主动交流，创造和珍惜与人相识的机会。有些学生在跟我交流的时候，总是谈到这样的感受，当他们身处一个陌生的环境或是独自去旅行的时候，总会觉得有些许的孤单和失落，这时只要有一个善意的陌生人走过，随便与自己交谈几句，哪怕只是一句轻声地问候，自己就很感激了，心里也会觉得特别温暖。其实，陌生人的搭讪和攀谈，就是在主动创造交流的机会。只是在很多时候，我们往往出于一些戒备或是害怕被人拒绝的心理，放弃了这样的机会。

在各种场合都有许多接触他人的机会，要想认识别人，你必须与他人交流。尤其是当你来到一个新环境的时候，比如，进入新学校的第一节课，刚参加一个培训班等，如果你真是很想认识更多的朋友，那在彼此还陌生的时候，你不妨主动出击，以真诚友好的方式把自己介绍给别人。在一次旅途中我就遇到了这样的一位中学生，当时，我看到他羞红着脸向我靠近，过了很久，似乎是鼓足了勇气，竟对我脱口而出："今天天气真好！"我微笑着说："是的，我很喜欢这样的天气。"我能看得出来，他是鼓足了勇气想要跟我交谈，于是我想办法让他尽量放松下来，然后就跟他亲切而愉快地攀谈起来。后来我才得知，其实他一早就认出我了，以前想跟我交流可总是缺乏勇气，这次终于如愿以偿了。

同样，我们在学校或是生活中，如果主动关心和帮助同学，经常主动地与大家讨论一些问题，也能结识很多的朋友。实际上，与人交流并不是我们想象中的那么困难，只要你敢于打破僵局，放下心中的害羞和胆怯，就会成功。

第三，注意培养广泛的兴趣爱好，扩展交际面。我们都听说过这样的一句话："物以类聚，人以群分。"朋友一般都具有合得来的性格、相同的兴趣爱好、能聊到一起的话题等，如果你的兴趣和爱好多，遇到的与自己情趣相投的朋友也会相应多些，能结交的朋友范围也就会广些。我们在人际交往的过程中，一般都倾向于寻找双方的"同类项"，即彼此共同的兴趣爱好，如果是拥有相同的兴趣爱好，大家在交谈时才能产生共鸣，这样加深了解、增进友谊的可能性自然也就相对大些。

第四，要修炼好自己的品行和教养，赢得人心。如果你只是想认识人，可以只做做表面的功夫，但是要结识朋友，就得非常注重自己的品质和教养。我们都听说过这样的道理："好朋友就是你墙上的一面镜子。"我们可以通过朋友来检验自己的德行和教养，不信你可以看看你的周围，是不是那些有共同志向、习惯和教养相似的人才会成为朋友？如果你想结交的是那些拥有良好的素养，在关键时候能与你分担的朋友，你就应该先努力修炼好自己。

第五，要打开自我，学会换位思考。真正的友谊是建立在理解和宽容的基础上的，要想建立一份真正的友谊，就得学会真诚待人，以实际行动关心和理解他人。凡事多站在别人的角度考虑，在说话和做事的时候多考虑别人的感受，这样才能真正搞好人际关系。

巧结人缘，让自己更受欢迎

好人缘是我们人生中的重要资源，是我们成就卓越的无形资本和财富。在这个人际交往日益密切的社会，孤军奋战的人是很难取得成功的。青少年若想生活得更加精彩，若想成就卓越，就必须学会巧结人缘，多了解一些人际交往艺术。

⊙掌握说话的艺术

有这样一个中学生，他的口齿非常伶俐，反应也很快，平时待人很热情，在别人有困难的时候总是尽力帮助，其他各方面的表现也都很好，但他的人缘却不怎么好。这是怎么回事呢？认识他的一些人都说："他总喜欢跟人较真，一旦他和别人的观点不一样，他就一争到底，再加上他口才好，我们都辩不过他，但辩不过总躲得过吧。而且，他平时还以挖苦嘲讽人为乐，那水平，真是一针见血啊，可他有没有想过别人的感受呢？"连他的好朋友也说："哎，有时候真受不了他那张嘴……"

很多青少年都认为，在社交中，只要口才好，与人沟通和交流肯定不成问题。如果好的口才用得不是地方，那会怎么样呢？你们会喜欢那些口才很好但就是喜欢挖苦你的人吗？我想没有多少人会愿意结识这样的朋友吧。

在生活中，我们常常会有这样的感受：有些人尽管说起话来滔滔不绝可总是不能讨人喜欢，反而会招人厌恶；有些人虽然话不多，但总能说服人，取悦人。这样看来，在社交中，光是能说会道还不一定成功，说话还得掌握一定的技巧。

首先，与人交往要真诚。这就是说一定要以真诚待人，要表达自己的真情实感，只有在你敞开心扉真实地说出自己的内心想法时，才有可能得到同样的回应。建议青少年们在与人交谈时，试着保持微笑，这样你会发现别人也在对你微笑。这种善意的行为其实是互相的，是会传染的。只有彼此真诚相待，才有可能进一步地了解和交流。

其次，在与人交流时，话题的选择也有一定的讲究。一般情况下，我们在与人交谈时应该选择双方感兴趣的话题，而不是只顾自己说。这是因为，交流本身就是双向的，如果你选择的话题别人根本提不起兴趣甚至感到厌烦，那么交流根本就没法继续进行。如果能找到双方的共同语言，不仅自己在交流会觉得惬意舒畅，也会让对方倍感亲切，这样才能保证谈话的顺利进行，增进彼此间的交流与了解，加深感情。

再次，在与别人进行对话和交流时，我们还要注意保持得体的语言。这就是说要保持一定的风度，但又不显得做作。有句话叫做“三思而后行”，我们在说话时应该这样，说之前一定要经过大脑，先想好自己应该怎样组织词序，以什么样的口吻来表达，以及这样说会不会损害别人的利益等。想好表达的顺序和方式能让我们在说话时口齿清晰，发音准确，语言简明，说起话来也不会颠三倒四。只有表达清楚，别人才能理解你的意思，与你进一步地交流。如果不思考就脱口而出，那些没经过修饰的语言虽然是让自己一吐为快了，却可能伤害到别人，让人下不了台阶。这样，势必会影响你与别人之间的关系，甚至得罪别人。

最后，要在人际交往中掌握好分寸。说话不仅是要靠嘴说，还要用眼睛观察，用脑子思考和判断。比如，当你和朋友在谈到一个话题的时候，突然觉得对方的表情不太自然或是已经有点恼怒了，你就该停下来思考和判断一下，是不是你的语言伤害到朋友了。又比如，你在一个公开的场合想要大出风头，可看到周围的人都对你的言行嗤之以鼻，你就该想想自己是否该收敛一些了。掌握好分寸还包括，你在谈话的时候还得时时注意自己的语气和说话方式。会说话的人，面对别人的优点，会适度地给予衷心的赞扬，但绝不阿谀奉承；在看到别人的缺点时，不会讽刺挖苦，而是委婉地加以提醒，给别人留足面子。

此外，我们在人际交往中，总会遇到自己的观点与别人相矛盾的时候，这时我们需要调整好自己的心态。有交谈便会有分歧，甚至会不可避免地发生争论，遇到这种情况，我们可以先分析一下分歧的原因在哪，究竟是谁的错。如果是对方的错，我们可以委婉地指出来，而不是一味顺从或是得理不饶人。当你意识到是自己犯了错误时，就应该勇敢承认，虚心接受，要知道，知错能改不仅能为你的人品加分，还能帮你赢得别人的认同和友谊。

⊙与陌生人交往，好的开始要自己创造

我们在生活中总是要与各种各样的人交往，不仅有自己熟悉的亲人和朋友、学校的同学，还会有很多陌生人，随着年龄的增长，我们与陌生人打交道的机会也越来越多了。只有先互相认识，才有彼此交谈和了解的机会，也才有可能与人建立良好的关系。怎样与陌生人交谈，取得交友的效果，也是我们应该学习和培养的交际能力。

我曾经在一些公开场合见过很多这样的青少年，他们在熟悉的人面前总能表现自如，言行举止得体，可是一旦到了陌生的环境或是有陌生人在的场合，就会浑身不自在，言行举止也显得慌乱无措，而且越是重视这个陌生人，越想跟人家交流，就越局促不安，所以经常把场面搞砸了，这是因为还不懂得与陌生人交往的技巧和注意事项。针对这一问题，我想谈谈自己的经验。

与陌生人交往，好的开始往往是由自己创造的。如果真的很想结识一位陌生的朋友，就应该拿出勇气，主动去与人进行交流，尴尬窘迫或是欲言又止只会让相识相知的机会从你的眼前溜走。需要注意的是，在主动与人交往之前，我们首先应该来个大方而有特色的自我介绍，这样才能让别人在头脑中记住你。在交谈的时候，我们还得注意寻找双方熟悉或是感兴趣的话题，避免冷场。比如说我们可以聊聊学习、自己的兴趣爱好、家乡的小吃、自己参加的一些有意义的活动等，因为都是同龄人，在这些方面应该能找到很多共同点，这样交谈起来也会觉得比较投机。

此外，在与人交谈时，我们还要以得体的言行给人留下良好的第一印象。每个人在遇到陌生人来搭讪的时候，总是会先从外形和气质上来对他作一个基本的判断，如果感觉良好的才会进一步交流。如果你想主动结交

朋友，就要把握好这最初的印象。自信而优雅大方的表现能为你赢得不少分。那些见到生人就害羞的同学，一定要在这方面加以培养和练习，只有你真正接受自己，喜欢并相信自己，才能坦然地接受别人的目光，自然地与人交流。人只有自信了，才能展现出良好的风貌。现实生活中有些人在人际交往中总是含胸驼背，见到陌生人时总喜欢低着头，其实也都是因为不自信，如果自信了，就会表现出自己良好的外在形象和气质。自信还能帮助你放松心情，从而更好地发挥自己的特长。在人际交往中，一般人都愿意跟一些言行举止得体、为人乐观开朗，而且比较有生活情趣的人交朋友。

交流就是彼此间的谈话和互动，只有双方交替着谈话，才会达到理想的谈话效果。因此，我们在与人交流的过程中一定要照顾别人的感受，不要自己想说时就唱独角戏，不能说或是不想说的时候就默不做声。现实生活中，就有一些同学仗着自己很健谈，口齿伶俐，说起话来就像作演讲一样滔滔不绝，以致别人一句话也插不上来。从表面上，这些同学在与陌生人交往中是很主动、很积极的，可后来就没有多少人愿意再与他们交流下去了，原因就是他们忽视了别人的感受，抢夺了别人的说话机会。学会倾听，让对方多表现，才能达到良性的互动。

另外，还得注意自己说话的语气和口吻，在现实生活中，我们常常会听到两个人为了一个小问题而争得脸红耳赤，实际上，根本的原因就是固执己见，把自己的观点说得太满了。比如，一个人说“肯定如此”，另一个人则说“绝对不可能”，这样，两个人势必会发生争执，即使不吵架，原来的和谐氛围也被打破了，这时候双方肯定也会觉得很尴尬。如果遇到观点有分歧的时候，我们应尽量委婉一些，给双方都留有一定的余地，就能避免出现这种情况了。

与人交往要注意一些细节问题，比如在说话或倾听别人说话的时候保持注意力集中，与人交谈时态度认真而真诚，记住别人的名字，学会从别人的眼神、表情、肢体语言中观察别人的情绪变化，适当控制和调整自己的言行等。

我相信，如果掌握了这些应该注意的问题，在与陌生人交流时，你会表现得轻松自如。

⊙与家人沟通也需要智慧

有一次，一对双胞胎一起来找我咨询问题。他们现在都是初二的学生，在学校里成绩差不多，可是受欢迎的程度很不一样。弟弟觉得周围的同学和老师都更喜欢哥哥一些。不仅如此，即使是在家里也是这样，父母表面上说是一视同仁，可是从情感上可以明显看出，他们对哥哥的赞赏总是多过对自己的。弟弟就觉得很不平衡，明明是双胞胎，学习成绩和一些综合能力也不相上下，性格的差异也不大，为什么会这样呢？

哥哥委婉地补充说，他知道一些原因，弟弟在学校和在家里的表现差别很大。比如，他在学校很爱劳动、讲礼貌，可在家的时候就不会这样，他的东西总是丢得到处都是，自己的脏衣服、臭袜子什么的总要等着妈妈洗，而且有时候对长辈的态度也不是非常好，做事的时候有点固执。

在后来的谈话中，我慢慢地还发现了其他一些原因，在与人交往的过程中，哥哥的表现机灵，很快就听懂了别人话里的言外之意，而且能较快地做出回应，也就是我们常说的"有眼力见儿"。弟弟在这方面的表现明显要逊色一些，有时候不懂好赖话，对有些问题回答得也比较笨拙。通过观察，我很快就明白了兄弟俩在人际交往中为什么会受到不同的待遇。

这对双胞胎的咨询，引起了我对于两个问题的思索：一个是我们该如何与家人沟通的问题，另一个就是怎样讨得家人和别人欢心的问题。

我们常常误以为，只有在与别人打交道时要讲究方法，在家中就可以为所欲为了，这种想法其实是片面的。不管在什么场合，不管是跟熟悉的或是不熟悉的人交往，我们都应该表现出好的教养和行为。也就是说，我们不仅在学校、在社会上与人交往时应该讲究交际礼仪，注意交际细节，与家人交流时也要注意这些方面。

我就曾经见过很多在学校表现非常出色、年年被评为三好学生，在家却表现得骄纵无理，凡事都要求以自我为中心，一旦有什么不顺心的地方就对长辈们大加指责，甚至破口大骂。这种在每个场合表现不一致的孩子其实是很有问题的。我们说做人应该真诚，其中一方面就是说要言行一致，每个场合都表里如一，而不能因为环境的不同而有所不同。我们在外是怎样与同学和陌生人相处的，也该怎样与家人相处，甚至要抱着一颗感恩的心，更好地对待家人，因为这些是你最亲最爱的人，千万不要认为家人为你做什么事情都是理所应当的。在与家人沟通时，我们也要注意把握两个基本原则：第一是真诚、坦率地交流，第二是要学会感恩。遵守这两个基本原则，遇到问题的时候多进行换位思考，多站在别人的角度考虑问题，在说话或做事之前，先考虑一下家人的感受，衡量一下自己的言行是否妥当，这些是很重要的。

平时在与家长交流的时候，我也常常听到一些家长抱怨，孩子明明都是中学生了，还是"不懂看大人脸色行事，看起来笨头笨脑的"。家长说的这些问题其实在我们很多中学生的身上都还存在，这些不机灵的表现进一步说，就是因为我们缺乏一种观察的意识和缜密的思维，再有就是忽略了与家人交流时也要注意一些技巧。

一般来说，我们在与家人交往时，也要通情达理，要表现出自己聪明和良好的沟通能力，只有这样，才能让父母放心。那么，我们具体该怎样做呢?

首先，我们要增强自己的分析和判断能力，明辨是非，对就是对，错就是错，好的行为就加以发扬，不好的行为就及时纠正。如果父母身上也有一些缺点和毛病，我们应该加以体谅和理解。如果父母在教育我们时采取的标准不一致，我们应该及时跟他们交流，不要为了讨好父母而见风使舵，也不要为了迎合父母的喜好，今天看爸爸的脸色，明天看妈妈的神色，这样只会让自己有夹缝里生存的感觉，对于增进家人的交流和理解是毫无裨益的。

其次，要讲究说话的技巧和沟通的方式。说话是一门艺术，表达同样的观点，说话的语气和方式不同，收到的效果也会不一样。比如，你在一件事上和爸爸发生了矛盾，如果你怒气冲冲地与爸爸顶嘴，不但不能解决问题，还可能激化矛盾，如果你忍让一些，态度平和地跟他讲道理，他是不会那么不通情理的。

总之，人际交往中是需要智慧的，即使是与家人沟通也是如此，千万别忽视了这点。

珍惜人缘，走出社交误区

人际交往并不是简单的你来我往，而是一门有很深学问的艺术。在人际交往过程中，我们总会遇到这样那样的问题和困惑，对这些问题的理解和把握，直接影响着我们为人处世的方式。所以，要修炼通达人缘，培养良好的社交能力，我们必须正视并合理解决这些人际交往中的问题，消除疑虑。

⊙相貌和口才是人际交往的“拦路虎”吗

“崔老师，我……我现在……很自卑。”一次，一个中学生在向我咨询时结结巴巴地说。

“你放松一下，慢慢说。”

“因为她本来就长相普通，最近脸上还长了几个大疙瘩，同学们都开她的玩笑，笑话她，而且她以前有些口吃，说起话来比较费力，尤其是在人多的场合，有时甚至会紧张得一个字也说不出来，所以就觉得没有人会喜欢她，她在人际交往中很吃亏。”见她憋了半天没有说出一个字，站在她旁边的同学帮她说了。

在人际交往中，我们往往会有这样的印象，想要建立良好的人际关系，凭借的是相貌和口才，一些在这方面不怎么突出的人就认为自己很难交到朋友，而且常常会因为自己在这方面的缺陷而倍感苦恼。我很能理解这些同学的心情，但对于他们的这种想法我不能完全赞同，这些同学只是看到了问题的表面，而没有找到自己在人际交往中受挫的真正原因。

好的相貌固然能在见面的最初给别人留下良好的印象，但也仅此而已。在几秒的时间过后，我们便会将注意力转向其他方面，其中最直观的就是人的外在仪表和社交礼仪。要知道，在这个世界上拥有完美长相的人只是少数，多数人的长相都是较为普通的，而且各有各的特点，我们与其花精力为自己长相的平凡而自怨自艾，不如在其他方面多加注意，呈现自己良好的外在形象和修养。

良好而得体的形象和修养犹如一张介绍信，会向众人传达出微妙的个人信息，与此相比，相貌的影响倒在其次。我们不能改变自己长相，但要留意自己的外在仪表。良好的外在仪表既能让自己看起来大方而自信，也能给人带来审美的愉悦，还是尊重他人的表现。

外在仪表中很重要的一点就是服装美。服装美有三层意思，一是服装本身的美，如搭配和谐的款式、色彩、线条、面料等；二是显示穿着者的人体美；三是服装增添穿着者的气质美。服装美能做到第二层就很不错，如能做到第三层，则可算是达到了最高境界，掌握了着装的技巧和学问。

年轻人活泼爱动，喜好体育运动，夹克衫、牛仔裤，常会给人以潇洒、挺拔、青春正盛的感觉。这样的穿着，只要大小合适，干净整洁都算是得体的，切不可为了追求所谓的“非主流”而一味强调着装的时髦。可以说，时髦与美是两个完全不同的概念。每个人都可以追风，可以穿上时髦的服装，但并不是每个人都能给人以美的感受。不可否认，时髦的东西常常具有美的内涵，但大众性的美，具体到个人，不一定就能体现独有的风姿和魅力。倘若不顾自身条件的差异，一味地追求时髦，难免落个东施效颦的可笑下场。

对于中学生而言，着装得体其实是很容易做到的，但是还得稍微注意一下，着装也是讲究时间和场合的。比如说在一些比较严肃的场合，过于随便、轻佻的服装不仅会使本人与周围气氛不谐调，还会破坏自己的原本形象。根据场合选择得体的服装是一种基本的社交礼仪。

得体的着装能较好地衬托出一个人的内在气质，彰显个人的良好品位，是个人外在形象塑造中不可或缺的一环。但光是着装得体还不够，一个鲁莽粗暴的人即使穿着在华贵的服装也很难给人留下好印象。

前面已经说过，应该培养好自己的教养，这在人际交往中就主要表现在待人接物的礼节上，比如跟人打招呼时的基本礼仪，与人握手的礼仪、自我介绍和介绍他人的礼仪、初次去别人家做客的礼仪……这些社交的细节都是我们需要留心的，好的礼仪才能展现出你良好的教养，显示你的气质和风度。

在我们的生活中，一些中学生人常以“这只是小事，大家都这么做，没人会介意的”为自己“不拘小节”做挡箭牌。但我想说的是，如果你渴望成就卓越，你所“不拘”的“小节”，恰是做人的“大节”。美国成功学家马尔登说：“文明的举止，还有这背后所蕴藏的对人的体谅、关心，是我们人生的一笔巨大财富。不同的举止，可以使我们或者恼怒，或者平静；或者兴高采烈，或者羞愧难当；或者与禽兽为伍，或者与圣贤同列。”不要忽视这些礼仪上的细节，别人对我们的印象就决定于这些看似细小的礼仪上。

在做好了这些细节后，你还可以对自己的神情进行适当的修饰，简单直接、也容易做到的，就是微笑。在人际交往中，没有人不愿意跟经常真心微笑的人交往，有句话是这么说的：“如果长得不好，就让自己有才气；如果才气也没有，那就总是微笑。”笑容满面的举止能赢得别人的好感。笑是为人谦和的信号。在与人交往时，给人一个温馨、善意的微笑，可以为你带来意想不到的收获。

此外，还有些同学认为阻碍自己与人交往的是口才问题，我觉得这个问题应该从两方面来看待，在人际交往中影响人表达的因素有两个，一是表达上的不利索，这就是先天性的不足，如口吃、吐字不清晰、思维反应较慢导致的说话语速慢等，另一个就是来自心底里的羞于表达。诚然，先天性的原因会影响我们的人际交往，我认为只要保持良好的心态，这些都是可以通过后天的努力克服和改进的。我们认为影响口才的最大因素是心理因素。我就常常见到一些学生有这样的情况：话到嘴边又咽下去，怕说错，怕说不好，还怕别人笑话，话还没有开口，就已脸红心跳；或是阐述一件事情时，语无伦次，颠三倒四，这些都是由心理原因导致的口才不佳。如果是这样，我们就需要好好地调整自己的心态了。调整的主要方法就是加强对自己的自信心和勇气的培养，要给自己积极的心理暗示，不仅要敢于表达，更要有不怕说错话的勇气。

⊙是别人不喜欢你，还是你不喜欢别人

“别人为什么总不喜欢我？”一些青少年在成长过程中总是被这样的问题困扰着。有这种想法的人等着别人主动示好，然后自己再选择性地向别人表达友好之情。一旦别人没有主动的表现，他们的心中就会起疙瘩，并形成一种习惯性的回应：

“既然别人不喜欢我，那我凭什么要喜欢他？”

“只有别人喜欢我，我才喜欢他，才对他友好。”

这种在人际交往中总是等着被喜欢，而不愿意主动先喜欢别人的人不但会莫名其妙地陷入因为“不被喜欢”而很懊恼的情绪中，而且还很难扩展自己的人脉，因为在与人相处的过程中，好的开始、和谐的人际关系都是需要自己主动去打造的。

在人际交往中，人与人之间的关系和态度都是相互的，如果想让别人喜欢你，你就要先喜欢别人。这就好比你在山谷呐喊时得到的回音，如果喊出的声音是“我恨你”，只能得到“我恨你”的回音，只要当你说出“我喜欢你”时，你才能得到积极的回应。

有一位老人，每天都要坐在路边的椅子上，向开车经过镇上的人打招呼。有一天，他的孙女在他身旁，陪他聊天。这时有一位游客模样的陌生人在路边四处打听，看样子想找个地方住下来。

陌生人从老人身边走过，问道：“请问大爷，住在这座城镇还不错吧？”

老人慢慢转过来回答：“你原来住的城镇怎么样？”

游客说：“在我原来住的地方，人人都很喜欢批评别人。邻居之间常说闲话，总之那地方很不好住。我真高兴能够离开，那不是个令人愉快的地方。”摇椅上的老人对陌生人说：“那我告诉你，其实这里也差不多。”

过了一会儿，一辆载着一家人的大车在老人旁边的加油站停下来加油。车子慢慢开进加油站，停在老先生和他孙女坐的地方。

这时，这家子中孩子的从车上走下来，向老人说道：“住在这市镇不

错吧？”老人没有回答，又问道：“你原来住的地方怎样？”父亲看着老人说：“我原来住的城镇每个人都很亲切，人人都愿帮助邻居。无论去哪里，总会有人跟你打招呼，说谢谢，我真舍不得离开。”老人看着这位父亲，脸上露出和蔼的微笑：“其实这里也差不多。”

车子开动了。那位父亲向老人说了声谢谢，驱车离开。等到那家人走远，孙女抬头问老人：“爷爷，为什么你告诉第一个人这里很可怕，却告诉第二个人这里很好呢？”老人慈祥地看着孙女说：“不管你搬到哪里，你都会带着自己的态度；那地方可怕或可爱，全在于你自己！”

就像故事中的第一位游人一样，一些青少年总喜欢将自己人际交往不如意的原因归于他人，习惯于在别人身上找毛病，却很少反省自己的言行和态度，这其实是社交中的一大误区。

别人对你的态度，首先取决于你对别人的态度。想要别人怎样对待你，你就得先学会怎么对待别人。当我们在人际交往中受到冷落和误解时，首先不是责怪别人或与周围人对立，而是要从自己身上去寻找原因，检讨一下自己对别人的态度。如果始终用一颗真诚、友好、热情、宽容的心去对待别人，相信别人也会逐渐向你展露微笑的。

⊙不要谈论他人的是非

有一句俗话，说的是“自丑不觉，人丑笑煞”。大致意思是说，我们很难察觉到自己的丑，却总喜欢嘲笑别人的丑相和丑态。在生活中，我们很容易发现别人身上的错误，但对自己的缺点和错误却浑然不觉。有些人很喜欢去品评、议论别人，总喜欢指指点点，对着别人数落一番，却常常忽视了别人的感受。这样的人一般不会觉察出来自己的行为有什么不妥，殊不知，这在无形中反映出了他在教养上的缺陷。

不谈论别人的是非，就是不在背地里说别人的坏话，不编造和传布一些没有根据的、损害别人名誉的谣言。有些同学聚在一起的时候总喜欢谈谈八卦，有时候就会在人后对别人进行一番评论。更有甚者，为了引起别人的注意，让自己成为谈话的焦点，就传播一些关于他人的毫无根据的言论，这都是很不好的。所谓“良言一句三冬暖，恶语伤人三月寒”，可能你说这些话只是为了娱乐，一旦你的恶意言论传播开来，就很有可能给别人的身心造成极大的伤害。

一天，一位年轻的女孩来到神父面前倾诉自己的烦恼。神父明白了女孩的缺点，就是喜欢说些闲话伤害别人，心地倒不坏。神父说：“你不应该谈论他人的缺点，我知道你也为此苦恼。为了赎罪，你要到市场上买一只鸡，走出城镇后，沿路拔下鸡毛并四处散布。你一定要不停地拔，直到拔完为止。你做完之后告诉我。”女孩照办了，然后去见神父。神父说：“你已经完成了赎罪的一部分，现在你要进行第二部分。你必须回到原来的路上，捡起所有的鸡毛。”女孩难为地说：“这可能吗？风已经把鸡毛吹得到处都是了。我只能捡回一些，但不能捡回所有的。”“没错，我的孩子。你那些脱口而出的愚蠢话语不也是如此吗？当你想说别人的闲话时，请闭上自己的嘴，不要让那些愚蠢的言行如同邪恶的羽毛散落在路旁一样，想收也收不回来。”

在与人交往时，不恰当的言行就像是那些羽毛一样，一旦说出就很难收回，而且会在别人的心中留下难以愈合的伤疤。一针见血地指出人的缺点，自己固然能一吐为快，可是如果把话说得过分、太不给人留面子，自己的好意就极有可能被别人当成了恶意来对待，这样岂不是费力不讨好？能辨别是非固然是件好事，可是不恰当的说话方式只会让人敬而远之。

如果真的是别人做错了，我们也绝不能得理不饶人。每个人都爱面子。我们不能只爱自己的面子，而忘记了他人的面子。一旦我们不给他人退路，不让他人走下台阶，他只好自卫，到头来很有可能就弄得大家都很受伤。

有些人认为，经常说别人的坏话，伤害到的只是别人，其实不然。说别人的坏话其实也是在给自己抹黑，因为这是对自己人格和教养的侮辱，同时这些话还会反弹到自己身上，伤害自己。青少年要想有个好人缘，想练就出色的人际交往能力，就一定要注意这一点，切忌谈论别人的是非。

与人交往，说话是必需的，但如果话说得太过、太满或是太不合适，就很容易产生副作用，伤害了别人，也伤害了自己。

⊙谨慎辨别是非

“你看看你，考试的时候怎么能帮朋友作弊呢？现在自己也挨处分了吧，要是有记录了怎么办哦！”父亲瞪着孩子，不满地说。

“朋友间就应该肝胆相照啊！在哥们有困难的时候我怎么能不伸出援手呢？只是受个处分嘛，与义气比起来，能算得了什么呢？”孩子并没有惧色，还带着一点骄傲的口吻回答道。

“你这孩子……”父亲涨红了脸，又气愤又无奈。

一个父亲带着孩子来我这咨询，刚进办公室，父子俩就闹翻了。原来孩子在一次的英语考试中因为帮同学作弊而被老师批评教育了，成绩也被记为零分，可孩子觉得自己是在帮助同学，并没有错，当父母教育他的时候，他还总拿朋友间应该真诚相待、互相帮助等来反驳。父亲觉得很无奈，于是就来向我寻求帮助。

我在年轻的时候也有过像这个孩子一样的哥们义气，那时候觉得朋友间真的就是应该互通有无，在朋友遇到困难的时候一定要鼎力相助，所以对于朋友提出的要求、托付的事情，总是难以说不。一旦拒绝朋友的要求，就是一件很丢脸、很掉价的事情，还会担心自己的拒绝行为会惹得朋友不高兴，以致破坏朋友间的和谐关系或损坏了这份友谊。后来我才逐渐知道，这种想法应该算是一种哥们义气，它与友谊还有这一定的区别。诚然，企图与朋友保持一致，迎合朋友的要求，取悦对方，不能说是一件坏事，如果你的朋友拥有良好的品行和教养，你常和他接近就自然会对你有好的影响。倘若你要取悦的是一个品行恶劣的人，那么你就会不由自主地被其牵制，最终走向难以自拔的深渊。

我想告诉这名中学生，真正的友谊不是建立在自我牺牲的基础上的，和谐的人际关系也不是靠一味顺从就能维系的。

在与人相处和交往的过程中，青少年应该学会区分玩伴和朋友之间的关系。对于有些人，即使是偶然认识的人，我们也可以无拘无束地与之交谈，可以大家一起结伴游玩，可这些人未必能成为你的朋友，最多只能算是玩伴。真正的友谊是建立在志同道合的基础上的，真正的友情应该是恒温的，而不是忽冷忽热的。我们在与玩伴相处的时候，可以在嬉戏游玩中体验到乐趣，可以一同大放厥词地抱怨生活的不公，甚至可以因为一个小闹剧而笑翻了天，可到头来，你觉得自己有什么收获了吗？而和好朋友相处的时候，并不只限于得到愉悦的情绪，更有观点相悖，互相指出缺点、帮助改进的时候，尤其是那些在与你争论时被你看做是不顾惜友情的人，很可能才是你一生中真正的朋友，因为他们以一颗真诚的心在与你交往，他们对你的建议正是为了帮助你成长和进步。

所以说，如果是真正的朋友，不会因为你不赞同、不姑息他的错误行为而责怪你。即使刚开始时不能完全理解你的苦心，但仔细想想后，他们还是会体谅你的。我们在人际交往中，特别要注意把持好自己的方向，不要被一些表面的情绪左右，也不能为一些只能算是玩伴的人而放弃自己为人处世的原则。

青少年朋友要记住，在人际交往中，一味顺从并不能维系人与人之间的良好关系，反而是对自己成长的不负责。因为这种盲目的顺从，就意味着我们放弃了自己选择和判断的权力，这样就很容易在对别人的坏习惯和坏行为的模仿中泥足深陷，使自己的缺点越来越多。我们在人际交往中，应该要做的不是为了改善关系而讨好别人，而是要让自己成为一个值得别人交往和信任的人。

⊙不要以自己的价值观衡量别人

“崔老师，我最近和我的好朋友闹别扭了，我们以前关系很好的，可我最近越来越发觉她是一个自私的人，有时还会对别人撒谎，比如上次我就听她对另外一个朋友说谎了，然后我回想一下，觉得她以前在一些事情上肯定也没对我说实话，只是我当时没发现。我可从来不会这样！有些时候，我觉得她的一些行为很不得体，就直接给她提意见了，可她就是固执得很，什么也听不下去，她怎么是这种人呢？我正在犹豫还要不要跟她做朋友。”

在与我的交流中，小米一口气说出了自己最近的烦心事。小米一直都是一个注重品质修养的孩子，在交友方面也很慎重，但我觉得造成目前她这么苦恼的原因并不仅仅是朋友在品质和教养方面有些缺陷，更重要的是她以自我为中心的评价标准。

其实，青少年中不乏这样的人，他们总是以自身作为参照，遇到什么事情总是用自己的标准来要求别人，觉得别人在为人处世方面应该遵循自己的价值观和行事原则，一旦别人的行为不符合自己的标准就会对其妄下结论，或大肆指责，这不利于建立良好的人际关系。

每个人都习惯按照自己的思维方式和价值观来处世，但事情的对错并不是单一由我们自己说了就算的。交际是相互的，如果没有对象，你的交际也就不成立了。如果你总是因为别人的观点与自己不同，就认为别人是错的，或是横加干涉指责，就不应该。小米总是认为朋友的一些行为是不得体的，应该遵循自己的标准来进行改进，我经过仔细询问，得知那些其实只是生活习惯上的差异，区分对错的意义并不大。小米认为朋友应该与自己保持一致的想法带有一点固执独断的色彩。因为在一些不涉及原则的生活细节上，我们每个人都有权利按照自己的想法和意愿决定自己的行为。

诚然，小米自己的修养很好，但眼睛里容不得朋友身上的“沙子”，像她这样因为朋友无伤大雅的缺陷而放弃友谊是很不理智的。真正的友谊应该建立在互帮互助、宽容理解的基础上，人无完人，对于那些身上有些瑕疵的朋友，我们要做的不是舍弃或是指责，而是帮助和宽容。我把自己的想法告诉了小米，在与我交流后，小米反省了自己的一些行为，决定对朋友多一些宽容和理解，帮助朋友改正缺点，共同进步。

人际交往就是这样，如果你总以自己的标准为核心，恐怕你就只能发现别人身上的缺点了，变换一下视角，或许你就能得到更为客观的评价，从而经营好人与人之间的这段关系。

在修炼中不断提升社交能力

社交能力是我们成就卓越的重要资本，是我们在当今时代必须掌握的一种技能。良好的社交能力并不是天生的，而是在后天的学习和实践中逐渐修炼和培养成的。只有不断提升和完善自己，我们才能真正掌握这门艺术。

⊙多交朋友，少树敌人

在我们的生活中不乏这样的中学生，他们才华出众，能力很强，可是有些恃才傲物，很多时候只顾着自己表现，忽略了别人的感受，所以朋友不多，而且容易得罪人。

这是人际交往的大忌，青少年应该把处理和经营人与人之间的关系作为人生中的一门重要必修课。要建立良好的人际关系，有一条重要的法则是不可忽视的，那就是多交朋友，少树敌人。

俗话说，“多一个朋友多一条路”。一个人要想成长和干一番事业，光靠自己的力量是远远不够的，光靠身边仅有的几个朋友也是不够的，我们还必须广结朋友，少树敌人。

虽然我们在生活中不可能赢得所有人的喜欢，但这并不意味着我们应该放弃与人交友的机会，即使不能与人成为朋友，我们也绝不能与人为敌。我们看名人传记的时候就会发现，那些拥有最多朋友、最少敌人的人往往更能成功，因为他们能专注于自己的事业而无须花费精力应对别人的报复和污蔑，即使是陷入困境，也会有很多朋友伸出援手。

所以，我们在人际交往中应尽量让自己成为一个受到多数人欢迎的人。不少同学都认为，获得多数人的好感是一件困难的事，经常埋怨“我的性情过于羞怯，很难引起别人注意”，“没有人会对我感兴趣”或是“别人并不想认识我”等，这实际上都是他们为自己找的借口。只要我们是真心想要与人好好相处，并且努力朝着这个目标去做了，就会有所收获。作为过来人，我想对广大的青少年提一些忠告：

第一，人都是要以尊重和真心换取友情的。有些人际交往能力不怎么好的中学生总是在问：“为什么别人不喜欢我？”可你有没有想过别人为什么要喜欢你，除非你具有别人需要或者喜欢的特质，否则，他们没有必要特别注意到你。这方面，著名作家荷马·克洛维的故事也许能给我们一些启示。

荷马·克洛维是一个很有人缘的人，而且深谙交友之道。凡是碰到他的人，无论是百万富翁，还是妇孺老幼，都会在与他相处15分钟之内对他产生好感。他在的地方，场面一定非常温馨而和谐，小孩会爬到他的膝上，朋友家的仆人会特别用心为他准备餐点。假如有人宣布：“今晚荷马·克洛维会到这里来!”则当天的宴会一定没有人缺席。

看到这里，也许有的人会猜测，荷马·克洛维应该是一个英俊潇洒、口才出众或是才华横溢、拥有巨额财富的人，事实上完全不是这样，他既不年轻，又不英俊，更不是百万富翁，他有什么魅力可以吸引人呢？原因就是他一点也不矫揉造作，并且能让别人感觉到他是真的喜欢、关心他们。对他来说，对方是什么人，或做什么事，他都不会在意，他觉得应该对所有的人付出关爱。即使是陌生人，他也能让对方很快地感受到自己的真诚和善意，像老朋友一样交谈起来。他不是专谈自己的事，而是尽量找别人感兴趣的话题和倾听对方说话，并且会在谈话的时候不失时机地称赞对方。一般人都会被这种真诚和尊重的态度所打动，这样，荷马·克洛维的人缘能不好吗？

让别人愿意与你交往的最佳方法应该是在交往中加入真诚和尊重，它们是一种发自内心的让人感动的力量，抱着这种态度，肯定能赢得别人的好感。

第二，我们要多交朋友，但更要坚守一定的为人原则，选择好自己的朋友。朋友是我们人格的一面明镜，品行好的朋友能帮助我们进步和成长，而道德品质有问题的朋友则很可能会让我们也沾染上一些坏习惯，所以，建立良好的社交圈子，结交好的朋友很重要。

我们所结交的朋友不可能都是同一类型的，可能有温和稳重的、豪爽豁达的、机智潇洒的……不论朋友是哪种性格类型，我们要保证的是结交品质和教养好的朋友，以好的朋友为参照对象，我们才能见贤而思齐，不断进步。

此外，交友的互补也不失为一条很好的原则，比如在青少年群体中，孤僻的人结交较开朗的朋友，胆怯的人多认识一些较勇敢或富于冒险精神的人，幼稚的人能在与心智成熟的玩伴们的交往中得到益处，爱幻想的人需要更踏实一些的影响……这样不仅能避免很多矛盾，还会弥补我们自身的很多不足，让我们的性格和思考方式不断得到完善。

我们要多交朋友，也不要忘了宁缺毋滥的原则，为了使自己保持一个良性的进步，对于那些道德品质不好，或是缺乏教养的人，大家最好远离。这就是说，我们结交朋友的时候也要注意选择和甄别。当你对一个人还不太了解时，可以先了解他周围的人，一般而言，性情相近的人容易交往，因此他周围关系密切之人主要是与他性情相近的。比如说，在与某人关系密切的人中，势利小人占了一大部分，那么这个人的品性也好不到哪里去，与这样的人交朋友，你要注意他可能比较重视权势、利益。如果某人周围有一帮阿谀奉承之辈，那么这人肯定虚荣、喜欢被人吹捧，与之交友，须注意不要轻易直言相谏。

这里有个问题需要注意，那就是即使不能与人成为朋友，也不要与人为敌，即使是那些道德不良的人。一时不小心结交了品行不好的朋友固然不是一件好事，但我们还得学会控制事态，不让它向更坏的方向发展。对于那些我们不愿为伍的人，我们只要悄悄走开，少与其打交道就好了，切不可让其产生敌对的态度，以致树立了一个敌人。

第三，要小心处理与朋友间的竞争关系。在结交朋友和维系友谊的过程中，我们可能还会遇到这样的情况，就是你和好朋友之间一不小心就成了竞争对手，这时我们就需要认真地处理好朋友之间竞争与合作的关系。我经常听到一些学生诉说自己与朋友间因为在成绩、荣誉等一些方面的竞争而闹得不可开交，我也是从学生时代过来的，所以我很能理解这样的心情。我要告诉大家的是，随着年龄的增长你会发现，其实同学和朋友之间的友谊远比这些排名重要得多！成绩和荣誉只是检验我们学习和成长的一种方式而已，友谊却是我们一生的财富。想明白这一点之后，我们就需要在与朋友的竞争中保持一个良好的心态，克服嫉妒之心，学会分享朋友的快乐，真心祝贺他取得的成绩、赢得的荣誉。

⊙适时倾听和忍让，让社交之路更通畅

在培训班上，我见过不少这样的学生，他们口才很好，说起话来也像是在演讲一样，滔滔不绝，讲个没完，别人很少能插上话，和别人争论起问题来就更加强势了，永远是理直气壮的那个，不给别人任何争辩的机会，为了使别人同意他们的观点，他们总是费尽口舌。他们的语言表达能力的确是没得说，可是结果呢，与人交流时说个不停的人一直在唱着独角戏，却不知跟自己谈话的人正迫不及待地想逃离；而讨论问题时总是企图以说话气势压倒对方的人则会发现，在以后的日子里，很少有人再跟他商讨问题了。

能言善辩固然是好事，但要掌握一定的分寸。如果在与人交流的时候只有你一个人在发言，谈话就很难继续下去。要知道每个人都有表现欲，小学生在课堂上见到老师提出了一个问题，都想着要举手起来表达自己的观点，这就是一种发言的欲望。每个人在人际交往中也都有这样的发言欲望，比如说谈到一个自己感兴趣的话题，而对方又在说个不停的时候，我们的心里会痒痒的，恨不得对方赶紧讲完了好让自己来发表一下观点。如果有人阻碍了这种欲望的表达，我们嘴上虽然不说，但心里还是会有些反感和焦躁。所以，善于倾听的人，才能交到更多的朋友。

亨丽耶塔是纽约一家经纪公司的雇员。上班前几个月，她在公司里交不到一个朋友。因为每天她总要向同事吹嘘自己做成了多少生意，开了多少户头，还有种种其他的成就，等等。

“我深以自己的工作绩效为傲。”亨丽耶塔说道，“但我的同事并没有兴趣分享我的成就，反而显得极不高兴。我也希望在公司里受到欢迎，与大家成为好朋友。来培训班上过几堂课之后，我发现了自己的问题所在，认识到别人也有许多事情想吹嘘一番，便改变了待人的方式，尽量少谈自己，而多听别人讲话。这比只听我个人吹嘘有意思多了。现在，只要一有聊天的机会，我都要求他们把自己的欢乐拿出来分享，我只在他们提出要求的时候，才谈一点自己的成就。这样一来，大家便开始与我接近，因而很快我就交了许多朋友。”

亨丽耶塔的遭遇告诉我们，要赢得友情不能光靠说，更要善于倾听。倾听意味着接受别人的分享，这是尊重和理解他人的表现。认真倾听不仅能避免因为说错话而伤害到别人，而且还能在倾听的过程中，从别人身上汲取更多的东西，帮助自己进步。

有的时候，善于倾听比费尽口舌去说更能解决问题。我们都有过去商店买东西的经历，假如一个商店的售货员，拼命地称赞他的货物怎样好，而不给顾客说一句话的机会，未必就能做成这位顾客的生意。反过来，如果给顾客说话的机会，使他对货物有了批评的机会，你成为和他对此货物互相讨论的人，你的生意就容易做了。因为顾客都是有一定的选择和判断能力的，如果只是一味地夸耀自己的货物，或是对顾客的批评加以争辩，这无异于说顾客没有眼光，不识好货，顾客怎么会接受这样的评判呢？如果这样，他还会来买你的商品吗？所以，有时候与其自己唠唠叨叨地说个不停，还不如停下自己的嘴巴，用脑子听听人家的话，这样反而会得到意想不到的效果。

除了倾听，我们在人际交往的过程中还应学会忍让。在与人交流的过程中，我们难免会与其他人产生一些分歧，如果总是跟人对着干，那肯定不能与人好好相处的，唯有懂得忍让的人，才能使人愿意与之合作和交往。

荷蒙耶鲁大学毕业后到德国弗赖堡修完硕士，学成回国后他去找美国西部的大矿主赫斯特，希望能在他那儿工作。赫斯特是个性格怪僻、执拗，自己没有学历但又不相信文凭的人，一向看不起那些文质彬彬专讲理论的工程师。

当赫斯特看完荷蒙的简历后，头也不抬一下便对荷蒙说：“我不想用你，因为你是弗赖堡的硕士，你的脑袋里装的是一大堆没有用的理论。我不需要像你这样文绉绉不懂实务的工程师。”荷蒙早就了解到这个矿主的脾气，他灵机一动对他说：“如果你答应替我对我父亲保密，我告诉你一个秘密。”赫斯特出于好奇答应了他。荷蒙故意神秘地一本正经地对他说：“我在德国其实什么都没学，我在那里白白混了三年，肚子里什么东西都没有。”一听这话，赫斯特高兴地对他说：“好！很好，很好！我录用你，你明天就来上班吧！”

荷蒙之所以能让固执的赫斯特改变主意，就是因为他懂得在必要的时候让着别人的道理。

每个人总是希望能展现最好的自己，谈话的时候总是渴望一吐为快，这样就难免会与人发生矛盾。在社会中，这种矛盾是很难避免的，关键是我们掌控好自己，想想自己应该怎么做。每个人都不可能完全由着自己喜好来办事，我们在某些时候还得学会克制和忍让。当与人产生矛盾时，我们应该找出双方的分歧，权衡一下双方这样僵持下去到底值不值得，如果不是原则性的问题，我们大可忍让一下。为了一点芝麻小事而争得脸红脖子粗，甚至闹到互相仇恨的地步就很不值得了。在平时我也会经常接触一些这样的中学生，他们在某个问题上与自己的同学、朋友发生了矛盾，由于一时冲动，自己的感情难以抑制，就跟对方翻了脸，可事后想想，其实那样的争执和吵闹完全是没有必要的，因而觉得很是后悔，还得花费更多的精力去想着怎样跟别人道歉，怎样弥补这段关系。如果在当时，这些同学能克制一下自己的情绪，忍让，事情就会简单很多。

在人际交往中，学会倾听和忍让是一种好姿态，能帮助你巧妙地化解很多不必要的矛盾，成就你的好人缘。

⊙挖掘赞美的力量

成功学家卡耐基曾经对渴望成功的人提出这样的忠告：“说句好话轻而易举，只要几秒钟，便能满足人们内心的强烈需求。注意看看我们所遇见的每个人，寻觅他们值得赞美的地方，然后加以赞美吧！”只要你稍加留心就会发现，赞美是我们获得好人缘的最佳法宝。

赞美别人是一种有效的情感投资。赞美长辈，你能得到他们的嘉奖和称赞；赞美同学和朋友，你能赢得崇高的友谊；赞美陌生人，你同样能得到真挚的回报。在生活中，我们常常会发现，别人在接受我们的夸奖时，是何等的高兴满足；如果做出符合赞美标准的良好行为而得到赞美，他们会一直保持着，对于那些他们身上还不具备的优点，他们则会将称赞作为一种动力，不断进取。

纽约布鲁克林的一位四年级老师鲁丝·霍普斯金太太，在学期的第一天，看过班上的学生名册后，不免有一丝忧虑：今年，在她班上有一个全校最顽皮的坏孩子汤姆。他上三年级时的老师，不断地向同事或是校长抱怨，他不只是搞恶作剧，还跟男生打架，逗女生，对老师无礼，在班上扰乱秩序。他唯一的优点是：他很快就能学会学校的功课，而且非常熟练。

霍普斯金太太决定适时找汤姆谈谈。见到学生们时，她说："罗丝，你穿的衣服很漂亮。爱丽西亚，我听说你画画很不错。"念到汤姆时，她直视着汤姆，对他说："汤姆，我知道你是个天生的领导人才，今年我要靠你帮我把这班变成四年级最好的一班。"在头几天她一直强调这点，夸奖汤姆所做的一切，并评论他的行为正代表着他是一位很好的学生，汤姆真的做到了这些。

鲁丝·霍普斯金太太洞悉了人性，让赞美发挥出无穷的力量，她的称赞就像是神话故事里的仙棒，作用于汤姆身上，让他的面目焕然一新了。

在人际交往中，几乎每个人都喜欢听到合其心意的赞美，因而，善于用发现的眼光去欣赏别人的优点和长处，给予别人适当而真诚的赞美，你会发现自己在人群中的影响力已不知不觉地得到提升。所以，青少年应该多发现别人的优点，多赞美别人，提升别人的同时，你也将得到提升。

不过，在赞美别人时，我们还应该注意这样几个问题：

1．动机要真诚，程度要恰当

我们赞美一个人，是因为他的确有我们值得赞美的地方，赞美的本身应该是对别人优点的发自内心的钦佩。如果我们的赞美只是出于虚情假意的恭维，这不仅不能达到夸奖人的目的，还会给人留下不好的印象。空泛或者程度不恰当的赞美则会让人觉得很不真实，使人怀疑你的动机。

所以，赞扬对方的关键是要实事求是。恰当的赞美是极有分寸的，首先，在内容上要适度，我们赞扬一个人时，不要乱说一气，任意夸大情节，否则就像是给一个头小的人戴上了很大的帽子，结果肯定会适得其反。其次，赞扬的方式要得当，这是因为每个人的优点和值得称赞的地方是不一样的，所以我们的赞扬方式也应该因人而异。最后，赞美的频率要适中，如果你在一个小时内总是不停在对别人重复着同一句赞美的话，别人就会怀疑你别有居心了。

2. 时间上要及时

生活当中，同学、朋友或家人的优点，随时都可能显现，这些优点都是在一定场合中显现出来的，我们应该把握好夸人的时机，及时对别人作出肯定的评价。例如，朋友帮助你解决了数学上的一道难题，你就可以在事情正发生或是刚结束的时候就表达你的赞美，而不是等过了两天才说出口。一个会赞美别人的人，总是能抓住时机给予赞美，赢得对方和在场者的好感。

3. 注意发掘他人的闪光点，抓住细节进行赞美

每个人都有自己的长处，即使最普通的人也绝不会一无是处，关键在于你能否慧眼识珠。只要认真观察、用心领悟，我们就不难发现别人的闪光点。其中最为难能可贵的就是你能抓住别人的细节进行赞美。

真情需要赞美，而细微之中更容易显现真情，所以，我们在交际中应善于发现他人在细微处的闪光点，不失时机地以赞美和感谢来回报对方。这不但会带给对方巨大的心理满足，而且会加深彼此情感沟通和心灵默契。

4. 赞美的语言和表达方式要有新意

虽然简单的赞美语言也能振奋人心，但是对人的赞美只剩下了“你很美”、“你是个大好人”之类单调重复的语言，就会显得平淡无味了。我们在称赞一个人的时候，可以多留些心，使用更有吸引力的新颖的语言。比如对于一个写作很有文采的同学我们仅仅是夸他“作文写得真好”，效果肯定不如说“真是才华横溢，将来肯定大有作为”来得好。

另外，表达赞美的方式有很多，要针对不同人、不同场合、不同时间选择最为恰当的方式。选择赞美方式时，既要考虑表达方式的新意，又要考虑对方的感受及最后的效果，综合思考，将会找到最适宜的表达方式。

赞美的话就像是浇在嫩芽上的水，只用那么涓涓几滴，便能产生神奇的效果。说几句好话轻而易举，其作用却不容忽视，不仅能带给别人内心的满足，还能帮助我们赢得好人缘，提升影响力。所以，如果你想提升社交能力，就努力挖掘赞美的力量，多肯定和赞美别人吧！

名言修炼堂

1. 尊重别人，才能让人尊敬。

——【英】笛卡儿

2. 有时宽容引起的道德震动比惩罚更强烈。

——【苏联】苏霍姆林斯基

3. 卑己而尊人是不好的，尊己而卑人也是不好的。

——徐特立

4. 人心不是靠武力征服，而是靠爱和宽容大度征服。

——【荷】斯宾诺莎

5. 自然赋予我们人类一张嘴，两只耳朵，也就是让我们多听少说。

——【古希腊】苏格拉底

6. 一个永远不会欣赏别人的人，也就是一个永远也不被别人欣赏的人。

——汪国真

7. 真诚是使一个人伟大的最基本的力量，它使一个人的缺点和错失容易被原谅。

——【法】罗曼·罗兰

8. 赞扬是一种精明、隐秘和巧妙的奉承，它从不同的方面满足了给予赞扬和得到赞扬的人们。

——【法】拉罗什夫科

9. 要尊重每个人，不论他是何等的卑微与可笑。要记住活在每个人身上的是和你我相同的性灵。

——【德】叔本华

10. 如果你是对的，就要试着温和地、有技巧地让对方同意你；如果你错了，就要迅速而热诚地承认，这比为自己争辩有效和有趣得多。

——【美】卡耐基

打开心灵密码之社交力修炼篇

初次与别人打交道的时候，往往能看出一个人社交能力的强弱。做做下面的题，了解一下你在别人心目中的印象是怎样的。

1．当你第一次见到某个人，你的表情是：

A．热情诚恳，自然大方。

B．紧张局促，羞怯不安。

C．大大咧咧，漫不经心。

2．你与他人谈话时的坐姿通常是：

A．两膝靠拢。

B．两腿叉开。

C．跷二郎腿。

3．第一次交谈，双方所占用的时间分别是：

A．他多我少。

B．差不多。

C．我多于他。

4．假如别人谈到了你不感兴趣的话题，你将：

A．仍然认真听，从中寻找乐趣。

B．默不做声，显得沉闷、忍耐。

C．打断别人，另起一题。

5．在与人交谈的过程中，你的语速和音量怎样？

A．声音高亢热情，节奏适中。

B．柔和而低沉，比较缓慢。

C．声音很低，语速时而快时而慢。

6．与人初次见面，经过一番交谈，你能对他的谈吐、知识能力等方面作出积极、正确的评价吗?

A．能够。

B．不确定。

C．不能。

7．你觉得怎样才能博得别人的好感呢?

A．态度谦虚，真诚待人。

B．保持自己的个性，不因为别人的话而改变自己。

C．夸夸其谈，虚构一些自己的奇闻逸事。

8．在交谈中发现别人有不文明的行为，如说脏话、随处吐口水等行为时，你会怎样?

A．委婉地说出自己的看法，善意地劝说。

B．马上走开，不再理他。

C．以毒攻毒，骂他。

9．在公开场合，遇到你想跟别人搭讪，别人却不理你时，你会：

A．对他真诚地微笑，并寻找双方感兴趣的话题重新接近他。

B．觉得自信心受挫，讪笑着离开，决定再也不理他了。

C．张口就说："你这人怎么这么不识好歹，不理别人很不礼貌！"

10．当你发现父母撒谎或遇到一些事情时父母要你撒谎时，你会：

A．给父母提意见，以父母以前给你讲的那些道理说服他们。

B．心里认为撒谎是一种不好的行为，但还是顺从了父母的意思。

C．听父母的话，学父母的样子。

评分标准：

选A得3分，选B得2分，选C得1分。

测试结果：

10~16分：你给人首次留下的印象很差。也许你感到吃惊，因为你很可能只是依着自己的习惯行事而已。你在人际交往中的不得体言行，无形中让别人作出了关于你的错误评判。

17～23分：你给人首次留下的印象一般。你的表现中存在着某些令人愉快的成分，同时又显得缺乏精彩之处，这让你在别人心中的印象一般，虽然不会很令人排斥但也没有很强的吸引力。重视自己的形象，更加注重一些小细节，会令你的魅力加分。

24～30分：你良好的品质和教养给第一次见到你的人留下了深刻的印象。无论对方是你工作范围抑或私人生活中的接触者，都会有与你进一步接触的愿望。好好保持这种状态吧!